HEINRICH

VON

KLEIST

Heinrich von Kleist   Über das Marionettentheater

JEDE

SICH

BEGREIFT

WIRWISSEN

ÜBER DAS MARIONETTENTHEATER

Mit der Kunstbetrachtung
›Über die allmähliche Verfertigung der Gedanken beim Reden‹,
vier Briefen von Heinrich von Kleist sowie die
Kapitel 1 bis 3 aus ›Das Erste Buch Mose‹ des Alten Testaments
Mit einem Essay von László F. Földényi,
aus dem Ungarischen übersetzt von Akos Doma
Herausgegeben und gestaltet von Klaus Detjen
Erschienen als Band 8 in der Typographischen Bibliothek

Wallstein Verlag und Büchergilde Gutenberg

ERSTE

SCHIEF

O   VERSTAND

d   VERSTAND

ALS ICH DEN WINTER 1801 in M... zubrachte, traf ich daselbst eines Abends, in einem öffentlichen Garten, den Herrn C. an, der seit kurzem, in dieser Stadt, als erster Tänzer der Oper, angestellt war, und bei dem Publiko außerordentliches Glück machte.
Ich sagte ihm, daß ich erstaunt gewesen wäre, ihn schon mehrere Mal in einem Marionettentheater zu finden, das auf dem Markte zusammengezimmert worden war, und den Pöbel, durch kleine dramatische Burlesken, mit Gesang und Tanz durchwebt, belustigte.

DAS ALTE TESTAMENT / DAS ERSTE BUCH MOSE / 1 / [...] UND GOTT SPRACH: LASSET UNS MENSCHEN MACHEN, EIN BILD, DAS UNS GLEICH SEI, DIE DA HERRSCHEN ÜBER DIE FISCHE IM MEER UND ÜBER DIE VÖGEL UNTER DEM HIMMEL UND ÜBER DAS VIEH UND ÜBER ALLE TIERE DES FELDES UND ÜBER ALLES GEWÜRM, DAS AUF ERDEN KRIECHT.

Über die allmähliche Verfertigung der Gedanken beim Reden. – An R[ühle] v[on] L[ilienstern]

Wenn du etwas wissen willst und es durch Meditation nicht finden kannst, so rate ich dir, mein lieber, sinnreicher Freund, mit dem nächsten Bekannten, der dir aufstößt, darüber zu sprechen. Es braucht nicht eben ein scharfdenkender Kopf zu sein, auch meine ich es nicht so, als ob du ihn darum befragen solltest: nein! Vielmehr sollst du es ihm selber allererst erzählen. Ich sehe dich zwar große Augen machen, und mir antworten, man habe dir in frühern Jahren den Rat gegeben, von nichts zu sprechen, als nur von Dingen, die du bereits verstehst. Damals aber sprachst du wahrscheinlich mit dem Vorwitz, *andere*, ich will, daß du aus der verständigen Absicht sprechest, *dich* zu belehren, und so könnten, für verschiedene Fälle verschieden, beide Klugheitsregeln vielleicht gut neben einander bestehen. Der Franzose sagt, l'appétit vient en mangeant, und dieser Erfahrungssatz bleibt wahr, wenn man ihn parodiert, und sagt, l'idée vient en parlant. Oft sitze ich an meinem Geschäftstisch über den Akten, und erforsche, in einer verwickelten Streitsache, den Gesichtspunkt, aus welchem sie wohl zu beurteilen sein möchte. Ich pflege dann gewöhnlich ins Licht zu sehen, als in den hellsten Punkt, bei dem Bestreben, in welchem mein innerstes Wesen begriffen ist, sich aufzuklären. Oder ich suche, wenn mir eine algebraische Aufgabe vorkommt, den ersten Ansatz, die Gleichung, die die gegebenen Verhältnisse ausdrückt, und aus welcher sich die Auflösung nachher durch Rechnung leicht ergibt. Und siehe da, wenn ich mit meiner Schwester davon rede, welche hinter mir sitzt, und arbeitet, so erfahre ich, was ich durch ein vielleicht stundenlanges Brüten nicht herausgebracht haben würde. Nicht, als ob sie es mir, im eigentlichen Sinne, *sagte*; denn sie kennt weder das Gesetzbuch, noch hat sie den Euler, oder den Kästner studiert. Auch nicht, als ob sie mich durch geschickte Fragen auf den Punkt hinführte, auf welchen es ankommt, wenn schon dies letzte häufig der Fall sein mag. Aber weil ich doch irgend eine dunkle Vorstellung habe, die mit dem, was ich suche, von fern her in

> Er versicherte mir, daß ihm die Pantomimik dieser Puppen viel Vergnügen machte, und ließ nicht undeutlich merken, daß ein Tänzer, der sich ausbilden wolle, mancherlei von ihnen lernen könne.

UND GOTT SCHUF DEN MENSCHEN ZU SEINEM BILDE, ZUM BILDE GOTTES SCHUF ER IHN; UND SCHUF SIE ALS MANN UND WEIB.

einiger Verbindung steht, so prägt, wenn ich nur dreist damit den Anfang mache, das Gemüt, während die Rede fortschreitet, in der Notwendigkeit, dem Anfang nun auch ein Ende zu finden, jene verworrene Vorstellung zur völligen Deutlichkeit aus, dergestalt, daß die Erkenntnis, zu meinem Erstaunen, mit der Periode fertig ist. Ich mische unartikulierte Töne ein, ziehe die Verbindungswörter in die Länge, gebrauche auch wohl eine Apposition, wo sie nicht nötig wäre, und bediene mich anderer, die Rede ausdehnender, Kunstgriffe, zur Fabrikation meiner Idee auf der Werkstätte der Vernunft, die gehörige Zeit zu gewinnen. Dabei ist mir nichts heilsamer, als eine Bewegung meiner Schwester, als ob sie mich unterbrechen wollte; denn mein ohnehin schon angestrengtes Gemüt wird durch diesen Versuch von außen, ihm die Rede, in deren Besitz es sich befindet, zu entreißen, nur noch mehr erregt, und in seiner Fähigkeit, wie ein großer General, wenn die Umstände drängen, noch um einen Grad höher gespannt. In diesem Sinne begreife ich, von welchem Nutzen Molière seine Magd sein konnte; denn wenn er derselben, wie er vorgibt, ein Urteil zutraute, das das seinige berichten konnte, so ist dies eine Bescheidenheit, an deren Dasein in seiner Brust ich nicht glaube. Es liegt ein sonderbarer Quell der Begeisterung für denjenigen, der spricht, in einem menschlichen Antlitz, das ihm gegenübersteht; und ein Blick, der uns einen halbausgedrückten Gedanken schon als begriffen ankündigt, schenkt uns oft den Ausdruck für die ganze andere Hälfte desselben. Ich glaube, daß mancher große Redner, in dem Augenblick, da er den Mund aufmachte, noch nicht wußte, was er sagen würde. Aber die Überzeugung, daß er die ihm nötige Gedankenfülle schon aus den Umständen, und der daraus resultierenden Erregung seines Gemüts schöpfen würde, machte ihn dreist genug, den Anfang, auf gutes Glück hin, zu setzen. Mir fällt jener »Donnerkeil« des Mirabeau ein, mit welchem er den Zeremonienmeister abfertigte, der nach Aufhebung der letzten monarchischen Sitzung des Königs am 23. Juni, in welcher dieser den Ständen auseinander zu gehen anbefohlen hatte, in den

BEWEGUNG,

IST

ALLERERST

Da diese Äußerung mir, durch die Art, wie er sie vorbrachte, mehr, als ein bloßer Einfall schien, so ließ ich mich bei ihm nieder, um ihn über die Gründe, auf die er eine so sonderbare Behauptung stützen könne, näher zu vernehmen.

UND GOTT SEGNETE SIE UND SPRACH ZU IHNEN: SEID FRUCHTBAR UND MEHRET EUCH UND FÜLLET DIE ERDE UND MACHET SIE EUCH UNTERTAN UND HERRSCHET ÜBER DIE FISCHE IM MEER UND ÜBER DIE VÖGEL UNTER DEM HIMMEL UND ÜBER DAS VIEH UND ÜBER ALLES GETIER, DAS AUF ERDEN KRIECHT.

Sitzungssaal, in welchem die Stände noch verweilten, zurückkehrte, und sie befragte, ob sie den Befehl des Königs vernommen hätten? »Ja«, antwortete Mirabeau, »wir haben des Königs Befehl vernommen« – ich bin gewiß, daß er bei diesem humanen Anfang, noch nicht an die Bajonette dachte, mit welchen er schloß: »ja, mein Herr«, wiederholte er, »wir haben vernommen« – man sieht, daß er noch gar nicht recht weiß, was er will. »Doch was berechtigt Sie« – fuhr er fort, und nun plötzlich geht ihm ein Quell ungeheurer Vorstellungen auf – »uns hier Befehle anzudeuten? Wir sind die Repräsentanten der Nation.« – Das war es was er brauchte! »Die Nation gibt Befehle und empfängt keine.« – um sich gleich auf den Gipfel der Vermessenheit zu schwingen. »Und damit ich mich Ihnen ganz deutlich erkläre« – und erst jetzo findet er, was den ganzen Widerstand, zu welchem seine Seele gerüstet dasteht, ausdrückt: »so sagen Sie Ihrem Könige, daß wir unsre Plätze anders nicht, als auf die Gewalt der Bajonette verlassen werden.« – Worauf er sich, selbstzufrieden, auf einen Stuhl niedersetzte. – Wenn man an den Zeremonienmeister denkt, so kann man sich ihn bei diesem Auftritt nicht anders, als in einem völligen Geistesbankerott vorstellen; nach einem ähnlichen Gesetz, nach welchem in einem Körper, der von dem elektrischen Zustand Null ist, wenn er in eines elektrisierten Körpers Atmosphäre kommt, plötzlich die entgegengesetzte Elektrizität erweckt wird. Und wie in dem elektrisierten dadurch, nach einer Wechselwirkung, der ihm inwohnende Elektrizitätsgrad wieder verstärkt wird, so ging unserers Redners Mut, bei der Vernichtung seines Gegners zur verwegensten Begeisterung über. Vielleicht, daß es auf diese Art zuletzt das Zucken einer Oberlippe war, oder ein zweideutiges Spiel der Manschette, was in Frankreich den Umsturz der Ordnung der Dinge bewirkte. Man liest, daß Mirabeau, sobald der Zeremonienmeister sich entfernt hatte, aufstand, und vorschlug: 1) sich sogleich als Nationalversammlung, und 2) als unverletzlich, zu konstituieren. Denn dadurch, daß er sich, einer Kleistischen Flasche gleich, entladen hatte, war er

ALLES

VERSCHROBEN

ALLES

ERSTE

UNWILLKÜRLICHE,   SCHÖN

DENNNICHTWIR

Er fragte mich, ob ich nicht, in der Tat, einige Bewegungen der Puppen, besonders der kleineren, im Tanz sehr graziös gefunden hatte.

Diesen Umstand konnt ich nicht leugnen. Eine Gruppe von vier Bauern, die nach einem raschen Takt die Ronde tanzte, hätte von Teniers nicht hübscher gemalt werden können.

UND GOTT SPRACH: SEHET DA, ICH HABE EUCH GEGEBEN ALLE PFLANZEN, DIE SAMEN BRINGEN, AUF DER GANZEN ERDE, UND ALLE BÄUME MIT FRÜCHTEN, DIE SAMEN BRINGEN, ZU EURER SPEISE.

nun wieder neutral geworden, und gab, von der Verwegenheit zurückgekehrt, plötzlich der Furcht vor dem Chatelet, und der Vorsicht, Raum. – Dies ist eine merkwürdige Übereinstimmung zwischen den Erscheinungen der physischen und moralischen Welt, welche sich, wenn man sie verfolgen wollte, auch noch in den Nebenumständen bewähren würde. Doch ich verlasse mein Gleichnis, und kehre zur Sache zurück. Auch Lafontaine gibt, in seiner Fabel: Les animaux malades de la peste, wo der Fuchs dem Löwen eine Apologie zu halten gezwungen ist, ohne zu wissen, wo er den Stoff dazu hernehmen soll, ein merkwürdiges Beispiel von einer allmählichen Verfertigung des Gedankens aus einem in der Not hingesetzten Anfang. Man kennt diese Fabel. Die Pest herrscht im Tierreich, der Löwe versammelt die Großen desselben, und eröffnet ihnen, daß dem Himmel, wenn er besänftigt werden solle, ein Opfer fallen müsse. Viele Sünder seien im Volke, der Tod des größesten müsse die übrigen vom Untergang retten. Sie möchten ihm daher ihre Vergebungen aufrichtig bekennen. Er, für sein Teil gestehe, daß er, im Drange des Hungers, manchem Schafe den Garaus gemacht; auch dem Hunde, wenn er ihm zu nahe gekommen; ja, es sei ihm in leckerhaften Augenblicken zugestoßen, daß er den Schäfer gefressen. Wenn niemand sich größerer Schwachheiten schuldig gemacht habe, so sei er bereit zu sterben. »Sire«, sagt der Fuchs, der das Ungewitter von sich ableiten will, »Sie sind zu gutmütig. Ihr edler Eifer führt Sie zu weit. Was ist es, ein Schaf erwürgen? Oder einen Hund, diese nichtswürdige Bestie? Und: Quant au berger«, fährt er fort, denn dies ist der Hauptpunkt: »on peut dire«, obschon er noch nicht weiß was? »qu'il méritoit tout mal«, auf gut Glück; und somit ist er verwickelt; »étant«, eine schlechte Phrase, die ihm aber Zeit verschafft: »de ces gens là«, und nun erst findet er den Gedanken, der ihn aus der Not reißt: »qui sur les animaux se font un chimérique empire.« – Und jetzt beweist er, daß der Esel, der blutdürstige! (der alle Kräuter auffrißt) das zweckmäßigste Opfer sei, worauf alle über ihn herfallen, und ihn zerreißen. – Ein solches

IST

SCHIEF

ODERVE

KSELI VERSTAND

> Ich erkundigte mich nach dem Mechanismus dieser Figuren, und wie es möglich wäre, die einzelnen Glieder derselben und ihre Punkte, ohne Myriaden von Fäden an den Fingern zu haben, so zu regieren, als es der Rhythmus der Bewegungen, oder der Tanz, erfordere?

ABER ALLEN TIEREN AUF ERDEN UND ALLEN VÖGELN UNTER DEM HIMMEL UND ALLEM GEWÜRM, DAS AUF ERDEN LEBT, HABE ICH ALLES GRÜNE KRAUT ZUR NAHRUNG GEGEBEN. UND ES GESCHAH SO. UND GOTT SAH AN ALLES, WAS ER GEMACHT HATTE, UND SIEHE, ES WAR SEHR GUT. DA WARD AUS ABEND UND MORGEN DER SECHSTE TAG.

Reden ist ein wahrhaftes lautes Denken. Die Reihen der Vorstellungen und ihrer Bezeichnungen gehen neben einander fort, und die Gemütsakten für eins und das andere, kongruieren. Die Sprache ist alsdann keine Fessel, etwa wie ein Hemmschuh an dem Rande des Geistes, sondern wie ein zweites, mit ihm parallel fortlaufendes, Rad an seiner Achse. Etwas ganz anderes ist es wenn der Geist schon, vor aller Rede, mit dem Gedanken fertig ist. Denn dann muß er bei seiner bloßen Ausdrückung zurückbleiben, und dies Geschäft, weit entfernt ihn zu erregen, hat vielmehr keine andere Wirkung, als ihn von seiner Erregung abzuspannen. Wenn daher eine Vorstellung verworren ausgedrückt wird, so folgt der Schluß noch gar nicht, daß sie auch verworren gedacht worden sei; vielmehr könnte es leicht sein, daß die verworrenst ausgedrückten grade am deutlichsten gedacht werden. Man sieht oft in einer Gesellschaft, wo durch ein lebhaftes Gespräch, eine kontinuierliche Befruchtung der Gemüter mit Ideen im Werk ist, Leute, die sich, weil sie sich der Sprache nicht mächtig fühlen, sonst in der Regel zurückgezogen halten, plötzlich mit einer zuckenden Bewegung, aufflammen, die Sprache an sich reißen und etwas Unverständliches zur Welt bringen. Ja, sie scheinen, wenn sie nun die Aufmerksamkeit aller auf sich gezogen haben, durch ein verlegnes Gebärdenspiel anzudeuten, daß sie selbst nicht mehr recht wissen, was sie haben sagen wollen. Es ist wahrscheinlich, daß diese Leute etwas recht Treffendes, und sehr deutlich, gedacht haben. Aber der plötzliche Geschäftswechsel, der Übergang ihres Geistes vom Denken zum Ausdrücken, schlug die ganze Erregung desselben, die zur Festhaltung des Gedankens notwendig, wie zum Hervorbringen erforderlich war, wieder nieder. In solchen Fällen ist es um so unerläßlicher, daß uns die Sprache mit Leichtigkeit zur Hand sei, um dasjenige, was wir gleichzeitig gedacht haben, und doch nicht gleichzeitig von uns geben können, wenigstens so schnell, als möglich, auf einander folgen zu lassen. Und überhaupt wird jeder, der, bei gleicher Deutlichkeit, geschwinder als sein Gegner spricht, einen Vorteil über ihn haben, weil er gleich-

SCHÖN;

ALLES

ZUSTAND

Er antwortete, daß ich mir nicht vorstellen müsse, als ob jedes Glied einzeln, während der verschiedenen Momente des Tanzes, von dem Maschinisten gestellt und gezogen würde.

Jede Bewegung, sagte er, hätte einen Schwerpunkt; es wäre genug, diesen, in dem Innern der Figur, zu regieren; die Glieder, welche nichts als Pendel wären, folgten, ohne irgend ein Zutun, auf eine mechanische Weise von selbst.

/ 2 / SO WURDEN VOLLENDET HIMMEL UND ERDE MIT IHREM GANZEN HEER. UND SO VOLLENDETE GOTT AM SIEBENTEN TAG SEINE WERKE, DIE ER MACHTE, UND RUHTE AM SIEBENTEN TAGE VON ALLEN SEINEN WERKEN, DIE ER GEMACHT HATTE.

sam mehr Truppen als er ins Feld führt. Wie notwendig eine gewisse Erregung des Gemüts ist, auch selbst nur, um Vorstellungen, die wir schon gehabt haben, wieder zu erzeugen, sieht man oft, wenn offene, und unterrichtete Köpfe examiniert werden, und man ihnen ohne vorhergegangene Einleitung, Fragen vorlegt, wie diese: was ist der Staat? Oder: was ist das Eigentum? Oder dergleichen. Wenn diese jungen Leute sich in einer Gesellschaft befunden hätten, wo man sich vom Staat, oder vom Eigentum, schon eine Zeitlang unterhalten hätte, so würden sie vielleicht mit Leichtigkeit durch Vergleichung, Absonderung, und Zusammenfassung der Begriffe, die Definition gefunden haben. Hier aber, wo diese Vorbereitung des Gemüts gänzlich fehlt, sieht man sie stocken, und nur ein unverständiger Examinator wird daraus schließen daß sie nicht *wissen*. Denn nicht *wir* wissen, es ist allererst ein gewisser *Zustand* unsrer, welcher weiß. Nur ganz gemeine Geister, Leute, die, was der Staat sei, gestern auswendig gelernt, und morgen schon wieder vergessen haben, werden hier mit der Antwort bei der Hand sein. Vielleicht gibt es überhaupt keine schlechtere Gelegenheit, sich von einer vorteilhaften Seite zu zeigen, als grade ein öffentliches Examen. Abgerechnet, daß es schon widerwärtig und das Zartgefühl verletzend ist, und daß es reizt, sich stetig zu zeigen, wenn solch ein gelehrter Roßkamm uns nach den Kenntnissen sieht, um uns, je nachdem es fünf oder sechs sind, zu kaufen oder wieder abtreten zu lassen: es ist so schwer, auf ein menschliches Gemüt zu spielen und ihm seinen eigentümlichen Laut abzulocken, es verstimmt sich so leicht unter ungeschickten Händen, daß selbst der geübteste Menschenkenner, der in der Hebeammenkunst der Gedanken, wie Kant sie nennt, auf das Meisterhafteste bewandert wäre, hier noch, wegen der Unbekanntschaft mit seinem Sechswöchner, Mißgriffe tun könnte. Was übrigens solchen jungen Leuten, auch selbst den unwissendsten noch, in den meisten Fällen ein gutes Zeugnis verschafft, ist der Umstand, daß die Gemüter der Examinatoren, wenn die Prüfung öffentlich geschieht, selbst zu

Er setzte hinzu, daß diese Bewegung sehr einfach wäre; daß jedesmal, wenn der Schwerpunkt in einer *graden Linie* bewegt wird, die Glieder schon *Kurven* beschrieben; und daß oft, auf eine bloß zufällige Weise erschüttert, das Ganze schon in eine Art von rhythmische Bewegung käme, die dem Tanz ähnlich wäre.

UND GOTT SEGNETE DEN SIEBENTEN TAG UND HEILIGTE IHN, WEIL ER AN IHM RUHTE VON ALLEN SEINEN WERKEN, DIE GOTT GESCHAFFEN UND GEMACHT HATTE. – SO SIND HIMMEL UND ERDE GEWORDEN, ALS SIE GESCHAFFEN WURDEN.

sehr befangen sind, um ein freies Urteil fällen zu können. Denn nicht nur fühlen sie häufig die Unanständigkeit dieses ganzen Verfahrens: man würde sich schon schämen, von jemandem, daß er seine Geldbörse vor uns ausschütte, zu fordern, viel weniger, seine Seele: sondern ihr eigener Verstand muß hier eine gefährliche Musterung passieren, und sie mögen oft ihrem Gott danken, wenn sie selbst aus dem Examen gehen können, ohne sich Blößen, schmachvoller vielleicht, als der, eben von der Universität kommende, Jüngling gegeben zu haben, den sie examinierten.

(Die Fortsetzung folgt)   H.V.K.

UND   ISTS
         UNDVERSCHROB

g   SELBST

                WIR

Diese Bemerkung schien mir zuerst einiges Licht über das Vergnügen zu werfen, das er in dem Theater der Marionetten zu finden vorgegeben hatte. Inzwischen ahndete ich bei weitem die Folgerungen noch nicht, die er späterhin daraus ziehen würde.

DAS PARADIES / ES WAR ZU DER ZEIT, DA GOTT DER HERR ERDE UND HIMMEL MACHTE.

An Ulrike von Kleist – [Frankfurt a.d. Oder, Mai 1799]

Wenn ich von jemandem Bildung erhalte, mein liebes Ulrikchen, so wünsche ich ihm dankbar auch wieder einige Bildung zurückzugeben; wenn ich aus seinem Umgang Nutzen ziehe, so wünsche ich, daß er auch in dem meinigen einigen Nutzen finde; nicht gern möchte ich, daß er die Zeit bei mir verlöre, die ich bei ihm gewinne.

Wie lehrreich und bildend Dein Umgang mir ist, wie vielen *wahren Vorteil* Deine Freundschaft mir gewährt, das scheue ich mich nicht, Dir offenherzig mitzuteilen; vielmehr es ist recht und billig, daß ein Wohltäter den ganzen Umfang seiner Wohltat kennen lernt, damit er sich selbst durch das Bewußtsein seiner Handlung und des Nutzens, den sie gestiftet hat, belohne. Du, mein liebes Ulrikchen, ersetzest mir die schwer zu ersetzende und wahrlich Dich ehrende Stelle meiner hochachtungswürdigen Freunde zu Potsdam. Ich scheue mich auch nicht Dir zu gestehen, daß die Aussicht auf Deine Freundschaft, so sehr ich sonst andere Universitäten zu beziehen wünschte, mich dennoch, wenigstens zum Teil, bestimmte, meinen Aufenthalt in Frankfurt zu wählen. Denn Grundsätze und Entschlüsse wie die meinigen, bedürfen der Unterstützung, um über so viele Hindernisse und Schwierigkeiten unwandelbar hinausgeführt zu werden. Du, mein liebes Ulrikchen, sicherst mir den guten Erfolg derselben. Du bist die einzige die mich hier ganz versteht. Durch unsere vertraulichen Unterredungen, durch unsere Zweifel und Prüfungen, durch unsere freundlichen und freundschaftlichen Zwiste, deren Gegenstand nur allein die Wahrheit ist, der wir beide aufrichtig entgegenstreben und in welcher wir uns auch gewöhnlich beide vereinigen, durch alle diese Vorteile Deines Umgangs scheidet sich das Falsche in meinen Grundsätzen und Entschlüssen immer mehr von dem Wahren, das sie enthalten, und reinigen sich folglich immer mehr, und knüpfen sich immer inniger an meine Seele, und wurzeln immer tiefer, und werden immer mehr und mehr mein Eigentum. Deine Mitwisserschaft meiner ganzen Empfindungsweise, Deine Kenntnis meiner Natur schützt sie um so mehr von ihrer

SCHIEF

SICH

BEGREIFT

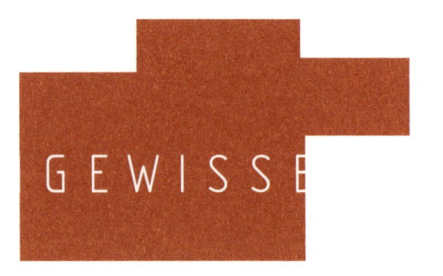

GEWISSE

Ich fragte ihn, ob er glaubte, daß der Maschinist, der diese Puppen regierte, selbst ein Tänzer sein, oder wenigstens einen Begriff vom Schönen im Tanz haben müsse?
Er erwiderte, daß wenn ein Geschäft, von seiner mechanischen Seite, leicht sei, daraus noch nicht folge, daß es ganz ohne Empfindung betrieben werden könne.

UND ALLE DIE STRÄUCHER AUF DEM FELDE WAREN NOCH NICHT AUF ERDEN, UND ALL DAS KRAUT AUF DEM FELDE WAR NOCH NICHT GEWACHSEN; DENN GOTT DER HERR HATTE NOCH NICHT REGNEN LASSEN AUF ERDEN, UND KEIN MENSCH WAR DA, DER DAS LAND BEBAUTE; ABER EIN NEBEL STIEG AUF VON DER ERDE UND FEUCHTETE ALLES LAND.

Ausartung; denn ich fürchte nicht allein mir selbst, ich fürchte auch Dir zu mißfallen. Dein Beispiel schützt mich vor alle Einflüsse der Torheit und des Lasters, Deine Achtung sichert mir die meinige zu. – Doch genug. Du siehst, wie unaufhaltsam mir dein Lob entfließt, mit wie vielem Vergnügen ich mich als Deinen Schuldner bekenne. Ich schätze Dich als das edelste der Mädchen, und liebe Dich, als die, welche mir jetzt am teuersten ist. Wärst du ein Mann oder nicht meine Schwester, ich würde stolz sein, das Schicksal meines ganzen Lebens an das Deinige zu knüpfen.

Doch genug hiervon. So viele von Dir empfangene und innig empfundene Wohltaten will ich dadurch zu belohnen suchen, daß ich unaufgefordert und mit der Freimütigkeit der Freundschaft bis in das Geheimste und Innerste Deines Herzens dringe; und finde ich es nicht, wie ich es wünsche, finde ich Dich unentschieden, wo du längst entschieden sein solltest, finde ich dich schlummern, wo du längst wach sein solltest, dann will ich mit der Kühnheit der Freundschaft Dich wecken.

Traue mir zu, daß es meine innige Überzeugung ist, auf welcher sich das jetzt Folgende gründet. Bei so vielen Fähigkeiten, die Deinen Verstand, bei so vielen herrlichen Tugenden, die Dein Herz schmükken, scheint es lieblos und unedel eine dunkle Seite an Dir dennoch auszuspüren. Aber grade diese dunkle Seite, ist keine unbedeutende, gleichgültige. Ich denke, sie würde Deinem Wesen die Krone aufsetzen, wenn Sie im Lichte stünde, und darum wünsche ich, sie zu erhellen. Und wenn auch das nicht wäre, – wenn jemand so nahe am Ziele steht, so verdient er schon allein um der seltnen Erscheinung willen, daß man ihn ganz hinaufführe.

Tausend Menschen höre ich reden und sehe ich handeln, und es fällt mir nicht ein, nach dem Warum? zu fragen. Sie selbst wissen es nicht, dunkle Neigungen leiten sie, der Augenblick bestimmt ihre Handlungen. Sie bleiben für immer unmündig und ihr Schicksal ein Spiel des Zufalls. Sie fühlen sich wie von unsichtbaren Kräften geleitet und gezogen, sie folgen ihnen im Gefühl ihrer Schwäche wohin es sie auch führt, zum Glücke, das sie dann

BEWEGUNG

UND

VERSTAND

WISSEN

Die Linie, die der Schwerpunkt zu beschreiben hat, wäre zwar sehr einfach, und, wie er glaube, in den meisten Fällen, gerad. In Fällen, wo sie krumm sei, scheine das Gesetz ihrer Krümmung wenigstens von der ersten oder höchstens zweiten Ordnung; und auch in diesem letzten Fall nur elliptisch, welche Form der Bewegung den Spitzen des menschlichen Körpers (wegen der Gelenke) überhaupt die natürliche sei, und also dem Maschinisten keine große Kunst koste, zu verzeichnen.

DA MACHTE GOTT DER HErr DEN MENSCHEN AUS ERDE VOM ACKER UND BLIES IHM DEN ODEM DES LEBENS IN SEINE NASE. UND SO WARD DER MENSCH EIN LEBENDIGES WESEN. – UND GOTT DER HErr PFLANZTE EINEN GARTEN IN EDEN GEGEN OSTEN HIN UND SETZTE DEN MENSCHEN HINEIN, DEN ER GEMACHT HATTE.

nur halb genießen zum Unglücke, das sie dann doppelt fühlen.

Eine solche sklavische Hingebung in die Launen des Tyrannen Schicksal, ist nun freilich eines freien, denkenden Menschen höchst unwürdig. Ein freier, denkender Mensch bleibt da nicht stehen, wo der Zufall ihn hinstößt; oder wenn er bleibt, so bleibt er aus Gründen, aus Wahl des Bessern. Er fühlt, daß man sich über das Schicksal erheben könne, ja, daß es im richtigen Sinne selbst möglich sei, das Schicksal zu leiten. Er bestimmt nach seiner Vernunft, welches Glück für ihn das höchste sei, er entwirft sich seinen Lebensplan, und strebt seinem Ziele nach sicher aufgestellten Grundsätzen mit allen seinen Kräften entgegen. Denn schon die Bibel sagt, willst du das Himmelreich erwerben, so lege selbst Hand an.

So lange ein Mensch noch nicht im Stande ist, sich selbst einen Lebensplan zu bilden, so lange ist und bleibt er unmündig, er stehe nun als Kind unter der Vormundschaft seiner Eltern oder als Mann unter der Vormundschaft des Schicksals. Die erste Handlung der Selbständigkeit eines Menschen ist der Entwurf eines solchen Lebensplans. Wie nötig es ist, ihn so früh wie möglich zu bilden, davon hat mich der Verlust von sieben kostbaren Jahren, die ich dem Soldatenstande widmete, von sieben unwiederbringlich verlornen Jahren, die ich für meinen Lebensplan hätte anwenden gekonnt, wenn ich ihn früher zu bilden verstanden hätte, überzeugt.

Ein schönes Kennzeichen eines solchen Menschen, der nach sichern Prinzipien handelt, ist Konsequenz, Zusammenhang, und Einheit in seinem Betragen. Das hohe Ziel, dem er entgegenstrebt, ist das Mobil aller seiner Gedanken, Empfindungen und Handlungen. Alles, was er denkt, fühlt und will, hat Bezug auf dieses Ziel, alle Kräfte seiner Seele und seines Körpers streben nach diesem gemeinschaftlichen Ziele. Nie werden seine Worte seinen Handlungen, oder umgekehrt, widersprechen, für jede seiner Äußerungen wird er Gründe der Vernunft aufzuweisen haben. Wenn man nur sein Ziel kennt, so wird es nicht schwer sein die Gründe seines Betragens zu erforschen.

VERSCHROBEN

SOBAL[D]

BEGREIFT

WIR

ALLERERST

> Dagegen wäre diese Linie wieder, von einer andern Seite, etwas sehr Geheimnisvolles. Denn sie wäre nichts anders, als der *Weg der Seele des Tänzers*; und er zweifle, daß sie anders gefunden werden könne, als dadurch, daß sich der Maschinist in den Schwerpunkt der Marionette versetzt, d.h. mit andern Worten, *tanzt*.

UND GOTT DER HERR LIESS AUFWACHSEN AUS DER ERDE ALLERLEI BÄUME, VERLOKKEND ANZUSEHEN UND GUT ZU ESSEN, UND DEN BAUM DES LEBENS MITTEN IM GARTEN UND DEN BAUM DER ERKENNTNIS DES GUTEN UND BÖSEN.

Ich wende mich nun zu Dir, mein liebes Ulrikchen. Deiner denkenden Seele stünde jener hohe Charakter der Selbständigkeit wohl an. Und doch vermisse ich ihn an Dir. Du bist für jeden Augenblick des Lebens oft nur zu bestimmt, aber Dein *ganzes* Leben hast du noch nicht ins Auge gefaßt. Aus diesem Umstande erkläre ich mir die häufigen Inkonsequenzen Deines Betragens, die Widersprüche Deiner Äußerungen und Handlungen. Denn ich sinne gern bei Dir über die Gründe derselben nach, aber ungern finde ich, daß sie nicht immer übereinstimmen.

Du äußerst oft hohe vorurteilsfreie Grundsätze der Tugend, und doch klebst du noch oft an den gemeinsten Vorurteilen. Nie sehe ich Dich gegen wahren echten Wohlstand anstoßen, und doch bildest Du oft Wünsche und Pläne, die mit ihm durchaus vermeidbar sind. Ich hoffe Du wirst mich überheben, diese Urteile mit Beispielen zu belegen. Du bist entweder viel zu frei und vorurteilslos, oder bei weitem nicht genug. Die Folge davon ist, daß ich nicht bestimmen kann, ob das, was Du willst und tust, recht sei, oder nicht, und ich muß fürchten, daß Du selbst darüber unentschieden bist.

Denn warum hättest Du mir, als ich Dir gestern die rasche Frage tat, ob Du Dir einen bestimmten Lebensplan gebildet hättest, mit Verwirrung und Schüchternheit, wenigstens nicht mit jener Dir eigentümlichen Reinheit und Gradheit geantwortet, Du verstündest meine Frage nicht? Meine simple Frage deren Sinn doch so offen und klar ist? Muß ich nicht fürchten, daß Du nur in der Notwendigkeit mir eine Antwort geben zu müssen, die Deiner nicht würdig ist, lieber diesen – Ausweg gewählt hast?

Ein Lebensplan ist – – Mir fällt die Definition vom Birnkuchen ein, die Du einst im Scherze Pannwitzen gabst, und wahrlich, ich möchte Dir im Ernste eine ähnliche geben. Denn bezeichnet hier nicht ebenfalls ein einfacher Ausdruck einen einfachen Sinn? Ein Reisender, der das Ziel seiner Reise, und den Weg zu seinem Ziele kennt, hat einen Reiseplan. Was der Reiseplan dem Reisenden ist, das ist der Lebensplan des Menschen. Ohne Reiseplan sich

LKÜRLICH

HIEEU

ALLES,

EIN   ZUSTAND

Ich erwiderte, daß man mir das Geschäft desselben als etwas ziemlich Geistloses vorgestellt hätte: etwa was das Drehen einer Kurbel sei, die eine Leier spielt.
Keineswegs, antwortete er. Vielmehr verhalten sich die Bewegungen seiner Finger zur Bewegung der daran befestigten Puppen ziemlich künstlich, etwa wie Zahlen zu ihren Logarithmen oder die Asymptote zur Hyperbel.

UND ES GING AUS VON EDEN EIN STROM, DEN GARTEN ZU BEWÄSSERN, UND TEILTE SICH VON DA IN VIER HAUPTARME. DER ERSTE HEISST PISCHON, DER FLIESST UM DAS GANZE LAND HEWILA, UND DORT FINDET MAN GOLD; UND DAS GOLD DES LANDES IST KOSTBAR. AUCH FINDET MAN DA BEDOLACHHARZ UND DEN EDELSTEIN SCHOHAM.

auf die Reise begeben, heißt erwarten, daß der Zufall uns an das Ziel führe, das wir selbst nicht kennen. Ohne Lebensplan leben, heißt vom Zufall erwarten, ob er uns so glücklich machen werde, wie wir es selbst nicht begreifen.
Ja, es ist mir so unbegreiflich, wie ein Mensch ohne Lebensplan leben könne, und ich fühle, an der Sicherheit, mit welcher ich die Gegenwart benutze, an der Ruhe, mit welcher ich in die Zukunft blicke, so innig, welch ein unschätzbares Glück mir mein Lebensplan gewährt, und der Zustand, ohne Lebensplan, ohne feste Bestimmung, immer schwankend zwischen unsichern Wünschen, immer im Widerspruch mit meinen Pflichten, ein Spiel des Zufalls, eine Puppe am Drahte des Schicksals – dieser unwürdige Zustand scheint mir so verächtlich, und würde mich so unglücklich machen, daß mir der Tod bei weitem wünschenswerter wäre.
Du sagst, nur Männer besäßen diese uneingeschränkte Freiheit des Willens, Dein Geschlecht sei unauflöslich an die Verhältnisse der Meinung und des Rufs geknüpft. – Aber ist es aus Deinem Munde, daß ich dies höre? Bist du nicht ein freies Mädchen, so wie ich ein freier Mann? Welcher andern Herrschaft bist Du unterworfen, als allein der Herrschaft der Vernunft?
Aber dieser sollst Du Dich auch vollkommen unterwerfen. *Etwas* muß dem Menschen heilig sein. Uns beide, denen es die Zeremonien der Religion und die Vorschriften des konventionellen Wohlstandes nicht sind, müssen um so mehr die Gesetze der Vernunft heilig sein. Der Staat fordert von uns weiter nichts, als daß wir die zehn Gebote nicht übertreten. Wer gebietet uns aber die Tugenden der Menschenliebe, der Duldung, der Bescheidenheit, der Sittsamkeit zu üben, wenn es nicht die Vernunft tut? Der Staat sichert uns unser Eigentum, unsere Ehre, und unser Leben; wer sichert uns aber unser inneres Glück zu, wenn es die Vernunft nicht tut?
So innig ich es nun auch wünsche, Dich überhaupt für die Annahme irgend eines Lebensplans zu bestimmen, weil ich dir gern das Glück gönne, das die Kenntnis unserer Bestimmung, der sichere Genuß der Gegenwart und die Ruhe für die Zukunft

BEWEGUNG

NICHT IST SCHON

SOBALD

VERSTAND

a

IST

> Inzwischen glaube er, daß auch dieser letzte Bruch von Geist, von dem er gesprochen, aus den Marionetten entfernt werden, daß ihr Tanz gänzlich ins Reich mechanischer Kräfte hinübergespielt, und vermittelst einer Kurbel, so wie ich es mir gedacht, hervorgebracht werden könne.

DER ZWEITE STROM HEISST GIHON, DER FLIESST UM DAS GANZE LAND KUSCH. DER DRITTE STROM HEISST TIGRIS, DER FLIESST ÖSTLICH VON ASSYRIEN. DER VIERTE STROM IST DER EUPHRAT.

gewähren, so möchte ich doch nicht gern einen Einfluß auf die Annahme eines bestimmten Lebensplanes haben. Das möge allein das Werk Deiner Vernunft sein. Prüfe Deine Natur, beurteile welches moralische Glück ihr am angemessensten sei, mit einem Worte, bilde dir einen Lebensplan, und strebe dann seiner Ausführung entgegen. Dann wird nie wieder geschehen, was ich vorher an Dir tadelte, dann werden sich Deine Wünsche und Deine Pflichten, Deine Worte und Deine Handlungen nie widersprechen.

Aber noch weit mehr als ich fürchte, Du möchtest noch bisher keinen Lebensplan gebildet haben, muß ich fürchten, daß Du grade den einzigen Lebensplan verworfen hast, der Deiner würdig wäre. Laß mich aufrichtig, ohne Rückhalt, ohne alle falsche Scham reden. Es scheint mir, – es ist möglich daß ich mich irre, und ich will mich freuen, wenn Du mich vom Gegenteile überzeugen kannst, – aber es scheint mir, als ob Du bei Dir entschieden wärest, Dich nie zu verheiraten. Wie? Du wolltest nie Gattin und Mutter werden? Du warst entschieden, Deine höchste Bestimmung nicht zu erfüllen, Deine heilige Pflicht nicht zu vollziehen? Und *entschieden* wärst du darüber? Ich bin wahrlich begierig die Gründe zu hören, die Du für diesen höchst strafbaren und verbrecherischen Entschluß aufzuweisen haben kannst.

Eine einzige simple Frage zerstört ihn. Denn wenn Du ein Recht hättest, Dich nicht zu verheiraten, warum ich nicht auch? Und wenn wir beide dazu ein Recht haben, warum ein Dritter nicht auch? Und wenn dieses ist, warum nicht auch ein Vierter, ein Fünfter, warum nicht wir alle? Aber das Leben, welches wir von unseren Eltern empfingen, ist ein heiliges Unterpfand, das wir unsern Kindern wieder mitteilen sollen. Das ist ein ewiges Gesetz der Natur, auf welches sich ihre Erhaltung gründet.

Diese Wahrheit ist so klar, und das Interesse, das sie bei sich führt, dem Herzen des Menschen so innig eingepflanzt, daß es schwer wird zu glauben, sie sei Dir unbekannt. Aber was soll ich glauben, wenn Dir der, nicht scherzhafte, nur allzu ernstliche Wunsch entschlüpft, Du möchtest die Welt bereisen? Ist es

BEWEGUNG

IST

ES
—

NICHT
ERSTEINGE

Ich äußerte meine Verwunderung zu sehen, welcher Aufmerksamkeit er diese, für den Haufen erfundene, Spielart einer schönen Kunst würdige. Nicht bloß, daß er sie einer höheren Entwickelung für fähig halte: er scheine sich sogar selbst damit zu beschäftigen.

UND GOTT DER HErr NAHM DEN MENSCHEN UND SETZTE IHN IN DEN GARTEN EDEN, DASS ER IHN BEBAUTE UND BEWAHRTE.

auf Reisen, daß man Geliebte suchet und findet? Ist es dort wo man die Pflichten der Gattin und der Mutter am zweckmäßigsten erfüllt? Oder willst du endlich wenn Dir auch das Reisen überdrüssig ist, zurückkehren, wenn nun die Blüte Deiner Jahre dahingewelkt ist, und erwarten, ob ein Mann philosophisch genug denke, Dich dennoch zu heiraten? Soll er Weiblichkeit von einem Weibe erwarten, deren Geschäft es während ihre Reise war, sie zu unterdrücken?

Aber Du glaubst Dich trösten zu können, wenn du auch einen solchen Mann nicht fändest. Täusche Dich nicht, Ulrikchen, ich fühle es, Du würdest Dich nicht trösten, nein, wahrlich, bei Deinem Herzen würdest Du Dich nicht trösten. Gesetzt, es wäre Dein Wille, Dich nach der Rückkehr von Deiner Reise irgendwo in einer schönen Gegend mit Deinem Vermögen anzukaufen. Ach, dem Landmann ist ein Gatte unentbehrlich. Der Städter mag seiner entbehren, ich will es glauben, das Geräusch der Stadt kann seine geheimen Wünsche unterdrücken, er lernt das Glück nicht vermissen, das er entbehrt.

Aber der Landmann ist ohne Gattin immer unglücklich. Da fehlt ihm Trost und Hülfe in Widerwärtigkeiten, da ist er in Krankheiten ohne Wartung und Pflege, da sieht er sich allein stehen in der weiten lebendigen Natur, er fühlt sich unvermißt und unbeweint, wenn er an den Tod denkt. Und selbst wenn seine Bemühungen gedeihen und mit Früchten wuchern, – wo will er hin mit allen Erzeugnissen der Natur? Da fehlen ihm Kinder, die sie ihm verzehren helfen, da drückt er wehmütig fremde Kinder an seine Brust und reicht ihnen von seinem Überflusse. – – Täusche Dich daher nicht, Ulrikchen. Dann erst würdest du innig fühlen, welches Glück Du entbehren mußt, und um so tiefer würde dies dich schmerzen, je mehr Du es selbst mutwillig verworfen hast.

Und was würde Dich für so vielen Verlust schadlos halten können? Doch wohl nicht der höchst unreife Gedanke frei und unabhängig zu sein? Kannst Du Dich dem allgemeinen Schicksal Deines Geschlechtes entziehen, das nun einmal seiner Natur nach die zweite Stelle in der Reihe der Wesen

UND   VERSCHROBEN

                        SICH

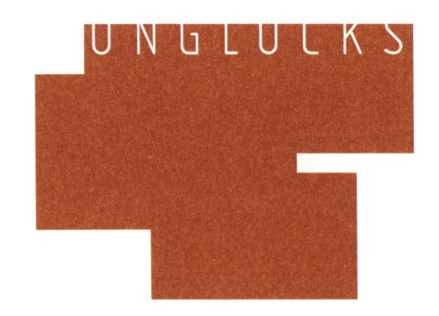

              UNGLÜCKS

                                    WEISS

Er lächelte, und sagte, er getraue sich zu behaupten, daß wenn ihm ein Mechanikus, nach den Forderungen, die er an ihn zu machen dächte, eine Marionette bauen wollte, er vermittelst derselben einen Tanz darstellen würde, den weder er, noch irgend ein anderer geschickter Tänzer seiner Zeit, Vestris selbst nicht ausgenommen, zu erreichen imstande wäre.

UND GOTT DER HERR GEBOT DEM MENSCHEN UND SPRACH: DU DARFST ESSEN VON ALLEN BÄUMEN IM GARTEN, ABER VON DEM BAUM DER ERKENNTNIS DES GUTEN UND BÖSEN SOLLST DU NICHT ESSEN; DENN AN DEM TAGE, DA DU VON IHM ISSEST, MUSST DU DES TODES STERBEN.

bekleidet? Nicht einen Zaun, nicht einen elenden Graben kannst Du ohne Hülfe eines Mannes überschreiten, und willst allein über die Höhen und über die Abgründe des Lebens wandeln? Oder willst Du von Fremden fordern, was Dir ein Freund gern und freiwillig leisten würde?
Aus allen diesen Gründen deren Wahrheit Du gewiß einsehen und fühlen wirst, gib jenen unseligen Entschluß auf, wenn Du ihn gefaßt haben solltest. Du entsagst mit ihm Deiner höchsten Bestimmung, Deiner heiligsten Pflicht, der erhabensten Würde, zu welcher ein Weib emporsteigen kann, dem einzigen Glücke, das Deiner wartet. – – Und wenn Mädchen wie Du sich der heiligen Pflicht Mütter und Erzieherinnen des Menschengeschlechts zu werden, entziehen, was soll aus der Nachkommenschaft werden? Soll die Sorge für künftige Geschlechter nur der Üppigkeit feiler oder eitler Dirnen überlassen sein? Oder ist sie nicht vielmehr eine heilige Verpflichtung tugendhafter Mädchen? – Ich schweige, und überlasse es Dir, diesen Gedanken auszubilden. –

SCHIEFUND

SELBST

DER

VERSTAND

Haben Sie, fragte er, da ich den Blick schweigend zur Erde schlug: haben Sie von jenen mechanischen Beinen gehört, welche englische Künstler für Unglückliche verfertigen, die ihre Schenkel verloren haben?
Ich sagte, nein: dergleichen wäre mir nie vor Augen gekommen.

UND GOTT DER HERR SPRACH: ES IST NICHT GUT, DASS DER MENSCH ALLEIN SEI; ICH WILL IHM EINE GEHILFIN MACHEN, DIE UM IHN SEI.

An Ulrike von Kleist – Berlin, den 25. November 1800
Liebe Ulrike.
Die überschickten 260 Rth. habe ich erhalten und wünsche statt des Dankes herzlich, für so viele mir erfüllten Wünsche, Dir auch einmal einen der Deinigen erfüllen zu können.
Ich habe jetzt manches auf dem Herzen, das ich zwar allen verschweigen muß, aber doch *Dir* gern mitteilen möchte, weil ich von Dir nicht fürchten darf, ganz mißverstanden zu werden.
Indessen das würde, wenn ich ausführlich sein wollte, einen gar zu langen Brief kosten, und daher will ich Dir nur ganz kurz einige Hauptzüge meiner jetzigen Stimmung mitteilen.
Ich fühle mich nämlich mehr als jemals abgeneigt, ein Amt zu nehmen. Vor meiner Reise war das anders – jetzt hat sich die Sphäre für meinen Geist und für mein Herz ganz unendlich erweitert – das mußt du mir *glauben*, liebes Mädchen.
So lange die Metallkugel noch kalt ist, so läßt sie sich wohl hineinschieben in das enge Gefäß, aber sie paßt nicht mehr dafür, wenn man sie glühet – fast so wie der Mensch nicht für das Gefäß eines Amtes, wenn ein höheres Feuer ihn erwärmt.
Ich fühle mich zu ungeschickt mir ein Amt zu erwerben, zu ungeschickt es zu führen, und am Ende verachte ich den ganzen Bettel von Glück zu dem es führt.
Als ich diesmal in Potsdam war, waren zwar die Prinzen, besonders der jüngere, sehr freundlich gegen mich, aber der König war es nicht – und wenn er meiner nicht bedarf, so bedarf ich seiner noch weit weniger. Denn mir möchte es nicht schwer werden, einen andern König zu finden, ihm aber, sich andere Untertanen aufzusuchen.
Am Hofe teilt man die Menschen ein, wie ehemals die Chemiker die Metalle, nämlich in solche, die sich dehnen und strecken lassen, und in solche, die dies nicht tun – Die ersten, werden dann fleißig mit dem Hammer der Willkür geklopft, die andern aber, wie die Halbmetalle, als unbrauchbar verworfen.
Denn selbst die besten Könige entwickeln wohl gern das schlummernde Genie, aber das entwik-

BEGREIFT.   VERSTAND

                              VERSTAND

> Es tut mir leid, erwiderte er; denn wenn ich Ihnen sage, daß diese Unglücklichen damit tanzen, so fürchte ich fast, Sie werden es mir nicht glauben. – Was sag ich, tanzen? Der Kreis ihrer Bewegungen ist zwar beschränkt; doch diejenigen, die ihnen zu Gebote stehen, vollziehen sich mit einer Ruhe, Leichtigkeit und Anmut, die jedes denkende Gemüt in Erstaunen setzen.

UND GOTT DER HERR MACHTE AUS ERDE ALLE DIE TIERE AUF DEM FELDE UND ALLE DIE VÖGEL UNTER DEM HIMMEL UND BRACHTE SIE ZU DEM MENSCHEN, DASS ER SÄHE, WIE ER SIE NENNTE; DENN WIE DER MENSCH JEDES TIER NENNEN WÜRDE, SO SOLLTE ES HEISSEN.

kelte drücken sie stets nieder; und sie sind wie der Blitz, der entzündliche Körper wohl entflammt, aber die Flamme ausschlägt.

Ich fühle wohl, daß es unschicklich ist, so etwas selbst zu sagen, indessen kann ich nicht leugnen, daß mir der Gedanke durch die Seele geflogen ist, ob es mir nicht einst so gehen könnte?

Wahr ist es, daß es mir schwer werden würde, in ein Interesse einzugreifen, das ich gar nicht prüfen darf – und das muß ich doch, wenn ich bezahlt werde?

Es wäre zwar wohl möglich, daß ich lernen könnte, es wie die andern zu machen – aber Gott behüte mich davor.

Ja, wenn man den warmen Körper unter die kalten wirft, so kühlen sie ihn ab – und darum ist es wohl recht gut, wenn man fern von den Menschen bleibt. Das wäre auch recht eigentlich mein Wunsch – aber wie ich das ausführen werde, weiß ich noch nicht, und nie ist mir die Zukunft dunkler gewesen als jetzt, obgleich ich nie heitrer hineingesehen habe als jetzt.

Das Amt, das ich annehmen soll, liegt ganz außer dem Kreise meiner Neigung. Es ist praktisch so gut wie die andern Finanzämter. Als der Minister mit mir von dem Effekt einer Maschine sprach, so verstand ich ganz natürlich darunter den mathematischen. Aber wie erstaunte ich, als sich der Minister deutlicher erklärte, er verstehe unter dem Effekt einer Maschine, nichts anders, als das Geld, das sie einbringt.

Übrigens ist, so viel ich einsehe, das ganze preußische Kommerzsystem sehr *militärisch* – und ich zweifle, daß es an mir einen eifrigen Unterstützer finden würde. Die Industrie ist eine Dame, man hätte sie fein und höflich aber herzlich einladen sollen, das arme Land mit ihrem Eintritt zu beglücken. Aber da will man sie mit den Haaren herbei ziehn – ist es ein Wunder, wenn sie schmollt? Künste lassen sich nicht, wie die militärischen Handgriffe erzwingen. Aber da glaubt man, man habe alles getan, wenn man Messen zerstört, Fabriken baut, Werkstühle zu Haufen anlegt – Wem man eine Harmonika schenkt, ist der darum schon ein Künst-

NWILLKU
NDSCHIEEIN

o

WISSEN

UNSRER

Ich äußerte, scherzend, daß er ja, auf diese Weise, seinen Mann gefunden habe. Denn derjenige Künstler, der einen so merkwürdigen Schenkel zu bauen imstande sei, würde ihm unzweifelhaft auch eine ganze Marionette, seinen Forderungen gemäß, zusammensetzen können.

UND DER MENSCH GAB EINEM JEDEN VIEH UND VOGEL UNTER DEM HIMMEL UND TIER AUF DEM FELDE SEINEN NAMEN; ABER FÜR DEN MENSCHEN WARD KEINE GEHILFIN GEFUNDEN, DIE UM IHN WÄRE.

ler? Wenn er nur die Musik erst verstünde, so würde er sich schon selbst ein Instrument bauen. Denn Künste und Wissenschaften, wenn sie sich selbst nicht helfen, so hilft ihnen kein König auf. Wenn man sie in ihrem Gange nur nicht stört, das ist alles, was sie von den Königen begehren. – Doch ich kehre zur Hauptsache zurück.

Ich werde daher wahrscheinlich diese Laufbahn nicht verfolgen. Doch möchte ich sie gern mit Ehren verlassen und wohne daher, während dieses Winters, den Sessionen der technischen Deputation bei. Man wollte mir dies zwar anfänglich nicht gestatten, ohne angestellt zu sein, und der Minister drohte mir sogar schriftlich, daß wenn ich mich jetzt nicht gleich anstellen ließe, sich in der Folge für mich wenig Aussichten zeigen würden. Ich antwortete aber, daß ich mich nicht entschließen könnte, mich in ein Fach zu werfen, ohne es genau zu kennen, und bestand darauf, diesen Winter den Sessionen bloß beizuwohnen, ohne darin zu arbeiten. Das ward mir denn endlich, unter der Bedingung, das Gelübde der Verschwiegenheit abzulegen, gestattet. Im nächsten Frühjahr werde ich mich bestimmt erklären.

Bei mir ist es indessen doch schon so gut, wie gewiß, bestimmt, daß ich diese Laufbahn nicht verfolge. Wenn ich dieses Amt ausschlage, so gibt es für mich kein besseres, wenigstens kein praktisches. Die Reise war das einzige, das mich reizen konnte, so lange ich davon noch nicht genau unterrichtet war. Aber es kommt dabei hauptsächlich auf List und Verschmitztheit an, und darauf verstehe ich mich schlecht. Die Inhaber ausländischer Fabriken führen keinen Kenner in das Innere ihrer Werkstatt. Das einzige Mittel also, doch hinein zu kommen, ist Schmeichelei, Heuchelei, kurz Betrug – Ja, man hat mich in diese Kunst zu betrügen schon unterrichtet – nein, mein liebes Ulrikchen, das ist nichts für mich.

Was ich aber für einen Lebensweg einschlagen werde – ? Noch weiß ich es nicht. Nach einem andern Amte möchte ich mich dann schwerlich umsehen. Unaufhörliches Fortschreiten in meiner Bildung, Unabhängigkeit und häusliche Freuden,

WILLKÜR~~LIC~~

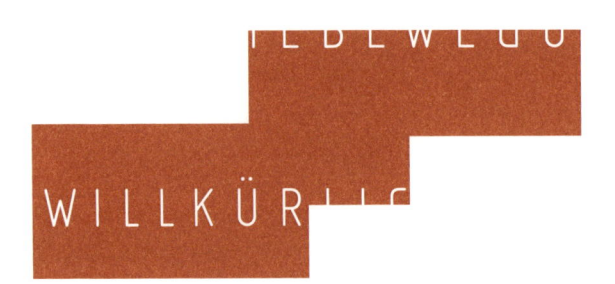

VERSCHROBEN

DER

UNGLÜCKSELIGE

Wie, fragte ich, da er seinerseits ein wenig betreten zur Erde sah: wie sind denn diese Forderungen, die Sie an die Kunstfertigkeit desselben zu machen gedenken, bestellt?

DA LIESS GOTT DER HERR EINEN TIEFEN SCHLAF FALLEN AUF DEN MENSCHEN, UND ER SCHLIEF EIN. UND ER NAHM EINE SEINER RIPPEN UND SCHLOSS DIE STELLE MIT FLEISCH. UND GOTT DER HERR BAUTE EIN WEIB AUS DER RIPPE, DIE ER VON DEM MENSCHEN NAHM, UND BRACHTE SIE ZU IHM.

das ist es, was ich unerläßlich zu meinem Glücke bedarf. Das würde mir kein Amt geben, und daher will ich es mir auf irgend einem andern Wege erwerben und sollte ich mich auch mit Gewalt von allen Vorurteilen losreißen müssen, die mich binden.

Aber behalte dies alles für dich. *Niemand* versteht es, das haben mir tausend Erfahrungen bestätigt.

»Wenn du dein Wissen nicht nutzen willst, warum strebst du denn so nach Wahrheit?« So fragen mich viele Menschen, aber was soll man ihnen darauf antworten? Die einzige Antwort die es gibt, ist diese: *weil es Wahrheit ist!* – Aber wer versteht das?

Darum will ich jetzt so viel als möglich alle Vertrauten und Ratgeber vermeiden. Kann ich meine Wünsche nicht ganz erfüllen, so bleibt mir immer noch ein akademisches Lehramt übrig, das ich von allen Ämtern am liebsten nehmen würde.

Also sei auch Du so ruhig, mein liebes Ulrikchen, als ich es bin, und denke mit mir, daß wenn ich hier keinen Platz finden kann, ich vielleicht auf einem andern Sterne einen um so bessern finden werde. Adieu. Lebe wohl und sei vergnügt auf dem Lande.

Dein treuer Bruder
Heinrich.

N.S.

Sage Minetten, daß ich vergebens Löschbrandten täglich erwarte. Er hat nämlich versprochen zu mir zu kommen, wenn er sich mit seinem Advokaten beratschlagt hätte. Noch ist er aber nicht erschienen. Ich habe ihn bisher nicht aufsuchen wollen, um Minettens Sache nicht den Anschein zu geben, als ob sie dringend wäre. Indessen heute will ich es doch versuchen ihn aufzusuchen. In seinem Hause ist er niemals zu finden.

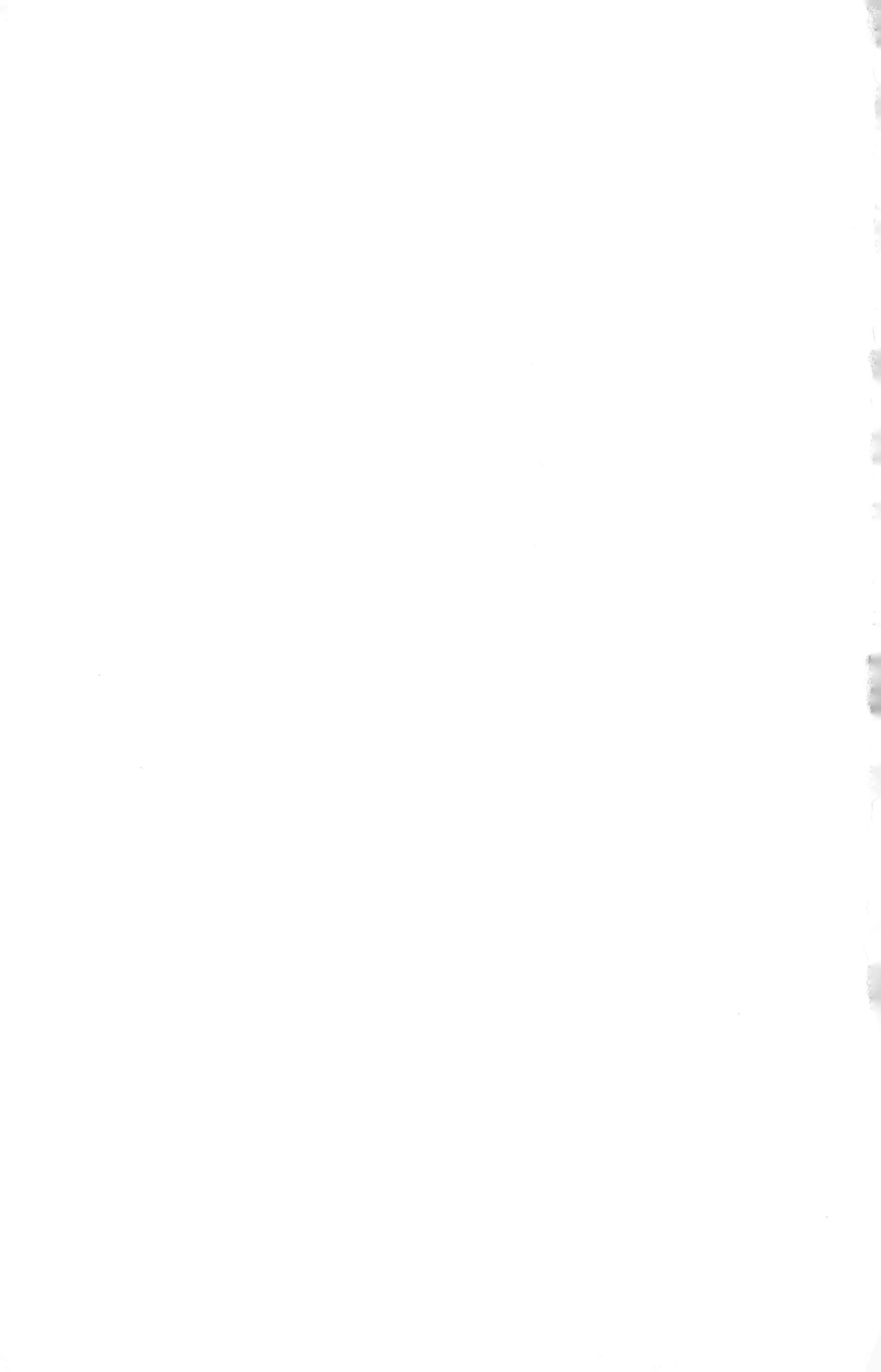

ALLES

ALLES

VERSTAND!

RUNGL

NNNIC

> Nichts, antwortete er, was sich nicht auch schon hier fände; Ebenmaß, Beweglichkeit, Leichtigkeit – nur alles in einem höheren Grade; und besonders eine naturgemäßere Anordnung der Schwerpunkte.

DA SPRACH DER MENSCH: DAS IST DOCH BEIN VON MEINEM BEIN UND FLEISCH VON MEINEM FLEISCH; MAN WIRD SIE MÄNNIN NENNEN, WEIL SIE VOM MANNE GENOMMEN IST.

An Ulrike von Kleist – Berlin, den 5. Februar 1801

Mein liebes teures Ulrikchen, ich hatte, als ich Schönfeld im Schauspielhause sah, in dem ersten Augenblicke eine unbeschreiblich frohe Hoffnung, daß auch Du in der Nähe sein würdest – und noch jetzt weiß ich nicht recht, warum du diese gute Gelegenheit, nach Berlin zu kommen, so ungenutzt gelassen hast. Recht herzlich würde ich mich darüber gefreut haben, und ob ich gleich weiß, daß du daran nicht zweifelst, so schreibe ich es doch auf, weil ich mich noch weit mehr darüber gefreut haben würde, als Du glaubst. Denn hier in der ganzen volkreichen Königstadt ist auch nicht *ein* Mensch, der mir etwas Ähnliches von dem sein könnte, was Du mir bist. Nie denke ich anders an Dich, als mit Stolz und Freude, denn Du bist die einzige, oder überhaupt der einzige Mensch, von dem ich sagen kann, daß er mich ganz ohne ein eigenes Interesse, ganz ohne eigne Absichten, kurz, daß er nur *mich selbst* liebt. Recht schmerzhaft ist es mir, daß ich nicht ein Gleiches von mir sagen kann, obgleich Du es gewiß weit mehr verdienst, als ich; denn Du hast zu viel für mich getan, als daß meine Freundschaft, in welche sich schon die Dankbarkeit mischt, ganz rein sein könnte. Jetzt wieder bietest Du mir durch Schönfeld Deine Hülfe an, und mein unseliges Verhältnis will, daß ich nie geben kann und immer annehmen muß. Kann Wackerbarth mir 200 Rth. geben, so denke ich damit und mit meiner Zulage den äußerst teuren Aufenthalt in Berlin (der mir eigentlich durch die vielen Besuche aus Potsdam teuer wird) bestreiten zu können. Besorge dies, und fürchte nicht, daß ich, wenn ich dankbarer sein muß, Dich weniger aus dem Innersten meiner Seele lieben und ehren werde. –

Ich habe lange mit mir selbst gekämpft, ob ich Schönfelds Vorschlag, ihm nach Werben zu folgen, annehmen sollte, oder nicht. Allein ich mußte mich für das letztere bestimmen, aus Gründen, die ich Dir kürzlich wohl angeben kann. Ich wünsche nämlich von ganzem Herzen diesen für mich traurigen Ort so bald als möglich wieder zu verlassen. So bald ich nach meinem Plan das Studium einiger Wissenschaften hier vollendet habe, so kehre ich ihm

SEHR
VERSCHROBEN

DER

ZUSTAND

UNSRER

Und der Vorteil, den diese Puppe vor lebendigen Tänzern voraus haben würde? Der Vorteil? Zuvörderst ein negativer, mein vortrefflicher Freund, nämlich dieser, daß sie sich niemals *zierte*. – Denn Ziererei erscheint, wie Sie wissen, wenn sich die Seele (vis motrix) in irgend einem andern Punkte befindet, als in dem Schwerpunkt der Bewegung. Da der Maschinist nun schlechthin, vermittelst des Drahtes oder Fadens, keinen andern Punkt in seiner Gewalt hat, als diesen: so sind alle übrigen Glieder, was sie sein sollen, tot, reine Pendel, und folgen dem bloßen Gesetz der Schwere; eine vortreffliche Eigenschaft, die man vergebens bei dem größesten Teil unsrer Tänzer sucht.

DARUM WIRD EIN MANN SEINEN VATER UND SEINE MUTTER VERLASSEN UND SEINEM WEIBE ANHANGEN, UND SIE WERDEN SEIN *EIN* FLEISCH. UND SIE WAREN BEIDE NACKT, DER MENSCH UND SEIN WEIB, UND SCHÄMTEN SICH NICHT.

den Rücken. Daher wollte ich diesen ersehnten Zeitpunkt nicht gern durch eine Reise weiter hinausschieben, als er schon liegt, und daher versagte ich mir das Vergnügen Dich zu sehn – Ach, wie gern hätte ich Dich gesehen in dem stillen Werben, wie vieles hätte ich Dir mitteilen, wie manches von Dir lernen können – Ach, Du weißt nicht, wie es in meinem Innersten aussieht. Aber es interessiert Dich doch? – O gewiß! Und gern möchte ich Dir alles mitteilen, wenn es möglich wäre. Aber es ist nicht möglich, und wenn es auch kein weiteres Hindernis gäbe, als dieses, daß es uns an einem Mittel zur Mitteilung fehlt. Selbst das einzige, das wir besitzen, die Sprache taugt nicht dazu, sie kann die Seele nicht malen, und was sie uns gibt sind nur zerrissene Bruchstücke. Daher habe ich jedesmal eine Empfindung, wie ein Grauen, wenn ich jemandem mein Innerstes aufdecken soll; nicht eben weil es sich vor der Blöße scheut, aber weil ich ihm nicht *alles* zeigen kann, nicht *kann*, und daher fürchten muß, aus den Bruchstücken falsch verstanden zu werden. Indessen: auf diese Gefahr will ich es bei Dir wagen und Dir so gut ich kann, in zerrissenen Gedanken mitteilen, was Interesse für Dich haben könnte.

Noch immer habe ich mich nicht für ein Amt entscheiden können und Du kennst die Gründe. Es gibt Gründe für das Gegenteil, und auch diese brauche ich Dir nicht zu sagen. Gern will ich immer tun, was recht ist, aber was soll man tun, wenn man dies nicht weiß? Dieser innere Zustand der Ungewißheit war mir unerträglich, und ich griff um mich zu entscheiden zu jenem Mittel, durch welches jener Römer in dem Zelte Porsennas diesen König, als er über die Friedensbedingungen zauderte, zur Entscheidung zwang. Er zog nämlich mit Kreide einen Kreis um sich und den König und erklärte, keiner von ihnen würde den Kreis überschreiten, ehe der Krieg oder der Friede entschieden wäre. Fast ebenso machte ich es auch. Ich beschloß, nicht aus dem Zimmer zu gehen, bis ich über einen Lebensplan entschieden wäre; aber 8 Tage vergingen, und ich mußte doch am Ende das Zimmer unentschlossen wieder verlassen. – Ach du weißt nicht, Ulrike, wie

SELBST
TAND

O

UNGLÜCKSELIGE

Sehen Sie nur die P... an, fuhr er fort, wenn sie die Daphne spielt, und sich, verfolgt vom Apoll, nach ihm umsieht; die Seele sitzt ihr in den Wirbeln des Kreuzes; sie beugt sich, als ob sie brechen wollte, wie eine Najade aus der Schule Bernins. Sehen Sie den jungen F... an, wenn er, als Paris, unter den drei Göttinnen steht, und der Venus den Apfel überreicht: die Seele sitzt ihm gar (es ist ein Schrecken, es zu sehen) im Ellenbogen.

/3/ DER SÜNDENFALL / ABER DIE SCHLANGE WAR LISTIGER ALS ALLE TIERE AUF DEM FELDE, DIE GOTT DER HERR GEMACHT HATTE, UND SPRACH ZU DEM WEIBE: JA, SOLLTE GOTT GESAGT HABEN: IHR SOLLT NICHT ESSEN VON ALLEN BÄUMEN IM GARTEN?

mein Innerstes oft erschüttert ist – – Du verstehst dies doch nicht falsch? Ach, es gibt kein Mittel, sich andern *ganz* verständlich zu machen, und der Mensch hat von Natur keinen andren Vertrauen, als sich selbst.
[...]
In Gesellschaften komme ich selten. Die jüdischen würden mir die liebsten sein, wenn sie nicht so pretiös mit ihrer Bildung täten. An dem Juden Cohen habe ich eine interessante Bekanntschaft gemacht, nicht sowohl seinetwillen, als wegen seines prächtigen Kabinetts von physikalischen Instrumenten, das er mir zu benutzen erlaubt hat. Zuweilen bin ich bei Clausius, wo die Gäste meistens interessanter sind, als die Wirte. Einmal habe ich getanzt und war vergnügt, weil ich zerstreut war. *Huth* ist hier und hat mich in die gelehrte Welt eingeführt, worin ich mich aber so wenig wohl befinde, als in der ungelehrten. Diese Menschen sitzen sämtlich wie die Raupe auf einem Blatte, jeder glaubt seines sei das beste, und um den Baum bekümmern sie sich nicht. Ach, liebe Ulrike, ich passe mich nicht unter die Menschen, es ist eine traurige Wahrheit, aber eine Wahrheit; und wenn ich den Grund ohne Umschweif angeben soll, so ist es dieser: sie gefallen mir nicht. Ich weiß wohl, daß es bei dem Menschen, wie bei dem Spiegel, eigentlich auf die eigne Beschaffenheit beider ankommt, wie die äußern Gegenstände darauf einwirken sollen; und mancher würde aufhören über die Verderbtheit der Sitten zu schelten, wenn ihm der Gedanke einfiele, ob nicht vielleicht bloß der Spiegel, in welchen das Bild der Welt fällt, schief und schmutzig ist. Indessen wenn ich mich in Gesellschaften nicht wohl befinde, so geschieht dies weniger, weil andere, als vielmehr weil ich mich selbst nicht zeige, wie ich es wünsche. Die Notwendigkeit, eine Rolle zu spielen, und ein innerer Widerwille dagegen machen mir jede Gesellschaft lästig, und froh kann ich nur in meiner eignen Gesellschaft sein, weil ich da ganz wahr sein darf. Das darf man unter Menschen nicht sein, und keiner ist es – Ach, es gibt eine traurige Klarheit, mit welcher die Natur viele Menschen, die an dem Dinge nur die Oberfläche sehen, zu ihrem

BEWEGUNG,

IST

VERSTAND!

ERSTE

> Solche Mißgriffe, setzte er abbrechend hinzu, sind unvermeidlich, seitdem wir von dem Baum der Erkenntnis gegessen haben. Doch das Paradies ist verriegelt und der Cherub hinter uns; wir müssen die Reise um die Welt machen, und sehen, ob es vielleicht von hinten irgendwo wieder offen ist.

DA SPRACH DAS WEIB ZU DER SCHLANGE: WIR ESSEN VON DEN FRÜCHTEN DER BÄUME IM GARTEN; ABER VON DEN FRÜCHTEN DES BAUMES MITTEN IM GARTEN HAT GOTT GESAGT: ESSET NICHT DAVON, RÜHRET SIE AUCH NICHT AN, DASS IHR NICHT STERBET!

Glücke verschont hat. Sie nennt mir zu jeder Miene den Gedanken, zu jedem Wort den Sinn, zu jeder Handlung den Grund – sie zeigt mir alles, was mich umgibt, und mich selbst in seiner ganzen armseligen Blöße, und dem Herzen ekelt zuletzt vor dieser Nacktheit – – Dazu kommt bei mir eine unerklärliche Verlegenheit, die unüberwindlich ist, weil sie wahrscheinlich eine ganz physische Ursache hat. Mit der größten Mühe nur kann ich sie so verstecken, daß sie nicht auffällt – o wie schmerzhaft ist es, in dem Äußern ganz stark und frei zu sein, indessen man im Innern ganz schwach ist, wie ein Kind, ganz gelähmt, als wären uns alle Glieder gebunden, wenn man sich nie zeigen kann, wie man wohl möchte, nie frei handeln kann, und selbst das Große versäumen muß, weil man vorausempfindet, daß man nicht standhalten wird, indem man von jedem äußern Eindrucke abhangt und das albernste Mädchen oder der elendeste Schuft von Elegant uns durch die matteste Persiflage vernichten kann. – Das alles verstehst Du vielleicht nicht, liebe Ulrike, es ist wieder kein Gegenstand für die Mitteilung, und der andere müßte das alles aus sich selbst kennen, um es zu verstehen.
Selbst die Säule, an welcher ich mich sonst in dem Strudel des Lebens hielt, wankt – – Ich meine, die Liebe zu den Wissenschaften. – Aber wie werde ich mich hier wieder verständlich machen? – Liebe Ulrike, es ist ein bekannter Gemeinplatz, daß das Leben ein schweres Spiel sei; und warum ist es schwer? Weil man beständig und immer von neuem eine Karte ziehen soll und doch nicht weiß, was Trumpf ist; ich meine darum, weil man beständig und immer von neuem handeln soll und doch nicht weiß, was recht ist. *Wissen* kann unmöglich das Höchste sein – handeln ist besser als wissen. Aber ein Talent bildet sich im Stillen, doch ein Charakter nur in dem Strome der Welt. Zwei ganz verschiedne Ziele sind es, zu denen zwei ganz verschiedne Wege führen. Kann man sie beide nicht vereinigen, welches soll man wählen? Das höchste, oder das, wozu uns unsre Natur treibt? – Aber auch selbst dann, wenn bloß Wahrheit mein Ziel wäre, – ach, es ist so traurig, weiter nichts, als gelehrt zu sein.

STSCHÖN.

> Ich lachte. – Allerdings, dachte ich, kann der Geist nicht irren, da, wo keiner vorhanden ist. Doch ich bemerkte, daß er noch mehr auf dem Herzen hatte, und bat ihn, fortzufahren.

DA SPRACH DIE SCHLANGE ZUM WEIBE: IHR WERDET KEINESWEGS DES TODES STERBEN, SONDERN GOTT WEISS: AN DEM TAGE, DA IHR DAVON ESSET, WERDEN EURE AUGEN AUFGETAN, UND IHR WERDET SEIN WIE GOTT UND WISSEN, WAS GUT UND BÖSE IST.

Alle Männer, die mich kennen, raten mir, mir irgend einen Gegenstand aus dem Reiche des Wissens auszuwählen und diesen zu bearbeiten – Ja freilich, das ist der Weg zum Ruhme, aber ist dieser mein Ziel? Mir ist es unmöglich, mich wie ein Maulwurf in ein Loch zu graben und alles andere zu vergessen. Mir ist keine Wissenschaft lieber als die andere, und wenn ich eines vorziehe, so ist es nur wie einem Vater immer derjenige von seinen Söhnen der liebste ist, den er eben bei sich sieht. – Aber soll ich immer von einer Wissenschaft zur andern gehen, und immer nur auf ihrer Oberfläche schwimmen und bei keiner in die Tiefe gehen? Das ist die Säule, welche schwankt.

Ich habe freilich einen Vorrat von Gedanken zur Antwort auf alle diese Zweifel. Indessen reif ist noch keiner. – – Goethe sagt, wo eine Entscheidung soll geschehen, da muß vieles zusammentreffen. – Aber ist es nicht eine Unart nie den Augenblick der Gegenwart ergreifen zu können, sondern immer in der Zukunft zu leben? – Und doch, wer wendet sein Herz nicht gern der Zukunft zu, wie die Blumen ihre Kelche der Sonne? – Lerne Du nur fleißig aus dem Gaspari, und vergiß nicht die Laute. Wer weiß ob wir es nicht früh oder spät brauchen. Gute Nacht, es ist spät. Grüße deine liebe Wirtin und alle Bekannte. H.K.

N.S. Soeben erfahre ich, daß Minette und Gustel mit der Moltken und Emilien nach Berlin kommen. Heute werden sie ankommen und bei der Schlichting wohnen.

GLÜCKSELIGE

Zudem, sprach er, haben diese Puppen den Vorteil, daß sie *antigrav* sind. Von der Trägheit der Materie, dieser dem Tanze entgegenstrebendsten aller Eigenschaften, wissen sie nichts: weil die Kraft, die sie in die Lüfte erhebt, größer ist, als jene, die sie an der Erde fesselt. Was würde unsere gute G... darum geben, wenn sie sechzig Pfund leichter wäre, oder ein Gewicht von dieser Größe ihr bei ihren Entrechats und Pirouetten, zu Hülfe käme? Die Puppen brauchen den Boden nur, wie die Elfen, um ihn zu *streifen*, und den Schwung der Glieder, durch die augenblickliche Hemmung neu zu beleben; wir brauchen ihn, um darauf zu *ruhen*, und uns von der Anstrengung des Tanzes zu erholen: ein Moment, der offenbar selber kein Tanz ist, und mit dem sich weiter nichts anfangen läßt, als ihn möglichst verschwinden zu machen.

UND DAS WEIB SAH, DASS VON DEM BAUM GUT ZU ESSEN WÄRE UND DASS ER EINE LUST FÜR DIE AUGEN WÄRE UND VERLOCKEND, WEIL ER KLUG MACHTE. UND SIE NAHM VON DER FRUCHT UND ASS UND GAB IHREM MANN, DER BEI IHR WAR, AUCH DAVON, UND ER ASS.

An Otto August Rühle von Lilienstern –
[Königsberg,] den 31. [August 1806]

Mein liebster Rühle,
Wenn ich bisher mit meinen Antworten über die Maßen zögerte, so tatest Du wohl ein übriges, und ergriffst von selbst die Feder, um den auseinander gehenden Kranz unsrer Freundschaft zu umwickeln, auch wohl ein neues Blümchen noch obenein hinzuzutun; doch diesmal läßt Du gewähren, und Deinethalben, scheint es, könnt er auf immer auseinander schlottern. Nun, mein guter Junge, es hat nichts zu sagen, und ich küsse Dich. Dieser Kranz, er ward beim Anfang der Dinge gut gewunden, und das Band wird schon, auch ohne weiteres Zutun, so lange aushalten, als die Blumen. Wenn Du Dich im Innern so wenig veränderst, als ich, so können wir einmal, wenn wir uns früh oder spät wiedersehen, zu einander: guten Tag! sagen, und: wie hast du geschlafen? und unsere Gespräche von vor einem Jahre, als wären sie von gestern, fortsetzen. Ich habe durch die Kleisten den letzten Teil Deiner Liebens- und Lebensgeschichte erhalten. Liebe, mein Herzensjunge, so lange Du lebest; doch liebe nicht, wie der Mohr die Sonne, daß du schwarz wirst! Wirf, wenn sie auf oder untergeht, einen freudigen Blick zu ihr hinauf, und laß Dich in der übrigen Zeit von ihr in Deinen guten Taten bescheinen, und stärken zu ihnen, und vergiß sie. Der Gedanke will mir noch nicht aus dem Kopf, daß wir noch einmal zusammen etwas *tun* müssen. Wer wollte auf dieser Welt glücklich sein. Pfui, schäme Dich, möchte ich fast sagen, wenn Du es willst! Welch eine Kurzsichtigkeit, o Du edler Mensch, gehört dazu, hier, wo alles mit dem Tode endigt, nach etwas zu streben. Wir begegnen uns, drei Frühlinge lieben wir uns: und eine Ewigkeit fliehen wir wieder auseinander. Und was ist des Strebens würdig, wenn es die Liebe nicht ist! Ach, es muß noch etwas anderes geben, als Liebe, Glück, Ruhm usw., x, y, z, wovon unsre Seelen nichts träumen. Es kann kein böser Geist sein, der an der Spitze der Welt steht; es ist ein bloß unbegriffener! Lächeln wir nicht auch, wenn die Kinder weinen? Denke nur, diese unendliche Fortdauer! Myriaden von

BEWEGUN

LKÜRLICHE ISTSCH

n

DENN   WISSEN   IST

Ich sagte, daß, so geschickt er auch die Sache seiner Paradoxe führe, er mich doch nimmermehr glauben machen würde, daß in einem mechanischen Gliedermann mehr Anmut enthalten sein könne, als in dem Bau des menschlichen Körpers.

DA WURDEN IHNEN BEIDEN DIE AUGEN AUFGETAN, UND SIE WURDEN GEWAHR, DASS SIE NACKT WAREN, UND FLOCHTEN FEIGENBLÄTTER ZUSAMMEN UND MACHTEN SICH SCHURZE.

Zeiträumen, jedweder ein Leben, und für jedweden eine Erscheinung, wie diese Welt! Wie doch das kleine Sternchen heißen mag, das man auf dem Sirius, wenn der Himmel klar ist, sieht? Und dieses ganze ungeheure Firmament nur ein Stäubchen gegen die Unendlichkeit! O Rühle, sage mir, ist dies ein Traum? Zwischen je zwei Lindenblättern, wenn wir abends auf dem Rücken liegen, eine Aussicht, an Ahndungen reicher, als Gedanken fassen, und Worte sagen können. Komm, laß uns etwas Gutes tun, und dabei sterben! Einen der Millionen Tode, die wir schon gestorben sind, und noch sterben werden. Es ist, als ob wir aus einem Zimmer in das andere gehen. Sieh, die Welt kommt mir vor, wie eingeschachtelt; das kleine ist dem großen ähnlich. So wie der Schlaf, in dem wir uns erholen, etwa ein Viertel oder Drittel der Zeit dauert, da wir uns, im Wachen, ermüden, so wird, denke ich, der Tod, und aus einem ähnlichen Grunde, ein Viertel oder Drittel des Lebens dauern. Und grade so lange braucht ein menschlicher Körper, zu verwesen. Und vielleicht gibt es für eine ganze Gruppe von Leben noch einen eignen Tod, wie hier für eine Gruppe von Durchwachungen (Tagen) einen. – Nun wieder zurück zum Leben! So lange das dauert, werd ich jetzt Trauerspiele und Lustspiele machen. Ich habe der Kleisten eben wieder gestern eins geschickt, wovon Du die erste Szene schon in Dresden gesehen hast. Es ist der zerbrochene Krug. Sage mir dreist, als ein Freund, Deine Meinung, und fürchte nichts mehr von meiner Eitelkeit. Meine Vorstellung von meiner Fähigkeit ist nur noch der Schatten von jener ehemaligen in Dresden. Die Wahrheit ist, daß ich das, was ich mir vorstelle, schön finde, nicht das, was ich leiste. Wär ich zu etwas anderem brauchbar, so würde ich es von Herzen gern ergreifen: ich dichte bloß, weil ich es nicht lassen kann. Du weißt, daß ich meine Karriere wieder verlassen habe. Altenstein, der nicht weiß, wie das zusammenhängt, hat mir zwar Urlaub angeboten, und ich habe ihn angenommen; doch bloß um mich sanfter aus der Affäre zu ziehen. Ich will mich jetzt durch meine dramatische Arbeiten ernähren; und nur, wenn Du meinst, daß sie auch

ISTSCH

UNDVERSCHR

ALLES

NICHT

ALLERERST

> Er versetzte, daß es dem Menschen schlechthin unmöglich wäre, den Gliedermann darin auch nur zu erreichen. Nur ein Gott könne sich, auf diesem Felde, mit der Materie messen; und hier sei der Punkt, wo die beiden Enden der ringförmigen Welt in einander griffen.

UND SIE HÖRTEN GOTT DEN HERRN, WIE ER IM GARTEN GING, ALS DER TAG KÜHL GEWORDEN WAR. UND ADAM VERSTECKTE SICH MIT SEINEM WEIBE VOR DEM ANGESICHT GOTTES DES HERRN UNTER DEN BÄUMEN IM GARTEN.

dazu nicht taugen, würde mich Dein Urteil schmerzen, und auch das nur bloß weil ich verhungern müßte. Sonst magst Du aber über ihren Wert urteilen, wie Du willst. In drei bis vier Monaten kann ich immer ein solches Stück schreiben; und bringe ich es nur à 40 Fried.dor, so kann ich davon leben. Auch muß ich mich im Mechanischen verbessern, an Übung zunehmen, und in kürzern Zeiten, Besseres liefern lernen. Jetzt habe ich ein Trauerspiel unter der Feder. – Ich höre, Du, mein lieber Junge, beschäftigst Dich auch mit der Kunst? Es gibt nichts Göttlicheres, als sie! Und nichts Leichteres zugleich; und doch, warum ist es so schwer? **Jede erste Bewegung, alles Unwillkürliche, ist schön; und schief und verschroben alles, sobald es sich selbst begreift. O der Verstand! Der unglückselige Verstand!** Studiere nicht zu viel, mein lieber Junge. Deine Übersetzung des Racine hatte treffliche Stellen. Folge deinem Gefühl. Was Dir schön dünkt, das gib uns, auf gut Glück. Es ist ein Wurf, wie mit dem Würfel; aber es gibt nichts anderes. – Und nun noch eine Kommission. Ich verliere jetzt meine Diäten. Die rückständigen sollen mir aber noch ausgezahlt werden. Sei doch so gut, und gehe auf die fränkische Salarienkasse, bei Hardenberg, und erinnere, daß man sie schickt. Aber tu es gleich. Adieu. Grüße Schlotheim. Was macht der Pfuel?

H.K.

SCHIEF

LDESSICHSEL

O

i

WIR

> Ich erstaunte immer mehr, und wußte nicht, was ich zu so sonderbaren Behauptungen sagen sollte.

UND GOTT DER HERR RIEF ADAM UND SPRACH ZU IHM: WO BIST DU? UND ER SPRACH: ICH HÖRTE DICH IM GARTEN UND FÜRCHTETE MICH; DENN ICH BIN NACKT, DARUM VERSTECKTE ICH MICH.

László F. Földényi: Grazie
aus: ›Heinrich von Kleist. Im Netz der Wörter‹

Mit ihren winzigen Händen, ihrer zerbrechlichen Gestalt und ihrem biegsamen Mädchenkörper ist Penthesilea die Verkörperung der Grazie. Selbst als Meroe im 23. Auftritt erzählt, wie Penthesilea ihre Zähne in Achilles' weiße Brust vergräbt und das Blut aus ihrem Mund und von ihrer Hand tropft, fällt der ersten Priesterin das Wort »Grazie« ein: »In jeder Kunst der Hände so geschickt!/So reizend, wenn sie tanzte, wenn sie sang!/So voll Verstand und Würd und Grazie!« (1.2678–80)

Penthesilea ist geschickt in allen Künsten und Fertigkeiten. Nicht nur im Tanz und Gesang, sondern auch in der Kunst des Kampfes, im Reiten, Fechten und Laufen. Als Frau überflügelt sie auch die Männer. Dem weiblichen (mädchenhaften) Achilles muß sie als Mann vorkommen. Um so mehr, als in ihm wiederum die mädchenhaften Züge nicht fehlen. Er sieht in ihr eine Frau, der er sich als Mann unterwerfen kann, so wie sich bis dahin die Frauen ihm unterworfen haben. Penthesilea gibt Achilles Gelegenheit, aus seinem eigenen Geschlecht zu schlüpfen und auch die Gefühle des anderen Geschlechts zu durchleben. Penthesilea vereinigt in sich nicht nur das Beste aus allen Künsten, sondern auch aus beiden Geschlechtern. Und gerade deshalb kann sie nicht erobert werden – obwohl sie sich am meisten danach sehnt, von Achilles erobert zu werden.

Die Priesterin charakterisiert sie genau: sie ist *reizend* – sie zieht die anderen an, reizt sie jedoch zugleich auch und stößt sie von sich. Das absolut geschlechtslose Wesen, demgegenüber keiner gleichgültig bleiben kann, dessen Panzer aber dennoch undurchdringlich bleibt für jedes Verlangen, das sich nach ihm richtet. Sie vereinigt in sich die Extreme beider Geschlechter, ist radikal, hysterisch und läßt beim Aufeinanderprallen der Extreme jenen tiefen Mangel aufblitzen, den sie mit jeder ihrer Gesten kompensieren möchte. Genau so, im Abgrund dieses Mangels ist sie vollkommen. Sie verkörpert jenes Ideal, das Kleist in nur ganz wenigen Menschen findet. Etwa in *Ernst von Pfuel,* der

ALLES

UND VERSCHR
SSICHSEL

UNGLÜCKSELIGE

WISSEN,

Es scheine, versetzte er, indem er eine Prise Tabak nahm, daß ich das dritte Kapitel vom ersten Buch Moses nicht mit Aufmerksamkeit gelesen; und wer diese erste Periode aller menschlichen Bildung nicht kennt, mit dem könne man nicht füglich über die folgenden, um wie viel weniger über die letzte, sprechen.

UND ER SPRACH: WER HAT DIR GESAGT, DASS DU NACKT BIST? HAST DU NICHT GEGESSEN VON DEM BAUM, VON DEM ICH DIR GEBOT, DU SOLLTEST NICHT DAVON ESSEN?

einer der beiden Schwimmer seiner Zeit ist, dazu außergewöhnlich gut turnt, läuft, reitet und ficht. Und *schwimmt*. Auch gemeinsam schwimmen sie viel. Vermutlich nackt, wie Agnes in *Familie Schroffenstein* oder Margarete in der Idylle *Der Schrekken im Bade*.

Am 7. Januar 1805 erinnert sich Kleist aus Berlin an ein gemeinsames Bad mit Pfuel: »Du stelltest das Zeitalter der Griechen in meinem Herzen wieder her, ich hätte bei dir schlafen können, Du lieber Junge; so umarmte Dich meine ganze Seele! Ich habe deinen schönen Leib oft, wenn Du in Thun vor meinen Augen in den See stiegest, mit wahrhaft *mädchenhaften* Gefühlen betrachtet. Er könnte wirklich einem Künstler zur Studie dienen. Ich hätte, wenn ich einer gewesen wäre, vielleicht die Idee eines Gottes durch ihn empfangen. Dein kleiner, krauser Kopf, einem festen Halse aufgesetzt, zwei breite Schultern, ein nerviger Leib, das Ganze ein musterhaftes Bild der Stärke, als ob Du dem schönsten jungen Stier, der jemals dem Zeus geblutet, nachgebildet wärest.« (II.749)

Kleist *liebt* Pfuel; doch er kann mit ihm genausowenig anfangen wie Achilles mit Penthesilea. Mit seiner ganzen Seele hängt er sich an ihn, und daraus schöpft er auch die Idee Gottes. Er erkennt Gott nicht, sondern *durchlebt* ihn, indem er im Körper des anderen versinkt. Zugleich wird ihm auch das Erlebnis der Unbegreiflichkeit Gottes zuteil. Die Schönheit des Körpers, die Vereinigung der Seele mit der Schönheit, Gottes Unendlichkeit und Unbegreiflichkeit und das Opfer (der Stier), bei dem die Seele durch Vernichtung emporgehoben wird: das alles zusammen formt die Grazie, verglichen mit der alles andere einen Rückfall bedeutet.

Sechs Jahre später, im Dezember 1810, beschwört Kleist erneut das gemeinsame Bad in Thun herauf. Anlaß dazu ist seine Schrift *Über das Marionettentheater,* das Gleichnis vom Jüngling, der, als er nach dem Schwimmen vor einem großen Spiegel steht und sich abtrocknet, plötzlich seiner eigenen Schönheit bewußt wird und erkennt, wie sehr er einem *Kunstwerk* gleicht. Wie ein Jahrhundert später Prousts Held Marcel ist auch der Jüngling im

SOBALD   SELBST

NNNICHTWI   ES

WEISS

Ich sagte, daß ich gar wohl wüßte, welche Unordnungen, in der natürlichen Grazie des Menschen, das Bewußtsein anrichtet. Ein junger Mann von meiner Bekanntschaft hätte, durch eine bloße Bemerkung, gleichsam vor meinen Augen, seine Unschuld verloren, und das Paradies derselben, trotz aller ersinnlichen Bemühungen, nachher niemals wieder gefunden. – Doch, welche Folgerungen, setzte ich hinzu, können Sie daraus ziehen? Er fragte mich, welch einen Vorfall ich meine?

DA SPRACH ADAM: DAS WEIB, DAS DU MIR ZUGESELLT HAST, GAB MIR VON DEM BAUM, UND ICH ASS. DA SPRACH GOTT DER HERR ZUM WEIBE: WARUM HAST DU DAS GETAN? DAS WEIB SPRACH: DIE SCHLANGE BETROG MICH, SO DASS ICH ASS.

Aufsatz über das Marionettentheater dann am meisten entzückt, wenn er das Leben als etwas einem Kunstwerk Gleichendes erlebt. Das hat jedoch nichts mit einschlägiger Ästhetisierung zu tun. Der Junge steht nicht vor der *Originalplastik,* sondern vor einem Spiegel und erblickt, indem er *sich selbst betrachtet*, das, was nicht mit ihm identisch ist. Statt eines Kunstwerks erblickt er im Spiegel einen Fremden, der einem Kunstwerk gleicht – einen Fremden, mit dem er sich jedoch aus dem Innersten heraus identifizieren kann. Ja: erst mit Hilfe dieses Fremden gelangt er in das »innerste Innere« seines Selbst. Während er sich im Spiegel betrachtet, wird auch er aus dem Spiegel betrachtet. Er ist dem im Spiegel erblickten Bild immer mehr ausgeliefert. Das Bild (das Spiegelbild – aber auch das Kunstwerk, als Andenken) obsiegt über das Leben, der Augenblick (der Augenblick der Wahrnehmung) über die Zeit. Der Augenblick der Geburt der Grazie ist auch der Augenblick der Macht und des Ausgeliefertseins. Der Jüngling wird durch die Verdoppelung (den Spiegel) zum Opfer der Ähnlichkeit, was er nur dadurch beenden könnte, daß er mit dem identisch wird, was über ihn herrscht, nämlich mit dem Spiegelbild – wenn er also zu dem ins Unendliche gesteigerte Spiegelbild seines Selbst werden würde.

Die Ähnlichkeit zwischen dem *lebenden Körper* und der *kalten Marmorplastik* macht ihn der Gegenwart der *Grazie* bewußt, weckt in ihm jedoch auch das Gefühl eines unendlichen Mangels. Ihm fehlt die *Vollkommenheit* des Spiegelbildes – und dieser Mangel wird später zum wahren Inhalt seines Lebens. Er gerät deshalb in Verwirrung, weil er erkennt, daß er gerade dem niemals *dauerhaft* gleichen wird, dem er sich für einen Augenblick am nächsten gefühlt hat. Der Augenblick der Bewußtwerdung der Grazie bedeutet nicht bloß die Erkenntnis der Schönheit und deren selbstvergessenes Erlebnis, sondern auch, daß in dem Augenblick das Unmögliche möglich wird: Leben und Kunst werden eins, der Marmor und das lebende Fleisch ununterscheidbar. Doch gerade im Augenblick der Erfahrung dieser Identität wird am deut-

JEDE

SCHÖN

IF
GLÜCKS
ICHTWI

IST

Ich badete mich, erzählte ich, vor etwa drei Jahren, mit einem jungen Mann, über dessen Bildung damals eine wunderbare Anmut verbreitet war. Er mochte ohngefähr in seinem sechzehnten Jahre stehn, und nur ganz von fern ließen sich, von der Gunst der Frauen herbeigerufen, die ersten Spuren von Eitelkeit erblicken. Es traf sich, daß wir grade kurz zuvor in Paris den Jüngling gesehen hatten, der sich einen Splitter aus dem Fuße zieht; der Abguß der Statue ist bekannt und befindet sich in den meisten deutschen Sammlungen. Ein Blick, den er in dem Augenblick, da er den Fuß auf den Schemel setzte, um ihn abzutrocknen, in einen großen Spiegel warf, erinnerte ihn daran; er lächelte und sagte mir, welch eine Entdeckung er gemacht habe. In der Tat hatte ich, in eben diesem Augenblick, dieselbe gemacht; doch sei es, um die Sicherheit der Grazie, die ihm beiwohnte, zu prüfen, sei es, um seiner Eitelkeit ein wenig heilsam zu begegnen: ich lachte und erwiderte – er sähe wohl Geister! Er errötete, und hob den Fuß zum zweitenmal, um es mir zu zeigen; doch der Versuch, wie sich leicht hätte voraussehen lassen, mißglückte. Er hob verwirrt den Fuß zum dritten und vierten, er hob ihn wohl noch zehnmal: umsonst! er war außerstand, dieselbe Bewegung wieder hervorzubringen – was sag ich? die Bewegungen, die er machte, hatten ein so komisches Element, daß ich Mühe hatte, das Gelächter zurückzuhalten: –

DA SPRACH GOTT DER HERR ZU DER SCHLANGE: WEIL DU DAS GETAN HAST, SEIST DU VERFLUCHT, VERSTOSSEN AUS ALLEM VIEH UND ALLEN TIEREN AUF DEM FELDE. AUF DEINEM BAUCHE SOLLST DU KRIECHEN UND ERDE FRESSEN DEIN LEBEN LANG.

lichsten, daß sie doch niemals identisch sein können. Das tiefste Einssein verbindet sich mit dem größten Anderssein. Das Fleisch wird marmorartig (tot), und der leblose Marmor erwacht zum Leben, als wäre er ein Körper. Es ist wohl kaum ein Zufall, daß das Kunstwerk, das den Jüngling aufwühlt, den Augenblick der *Dornentfernung* verewigt. Die *Marmorplastik* stellt einen *Jungen* dar, der seine *Wunde heilt,* und der *lebende Jüngling* erstarrt, als er sich selbst gewahrt. *Im Augenblick der Geburt der Grazie beginnt der Marmor zu bluten, und das Fleisch wird zu Stein.* Und da all das vor einem Spiegel geschieht, bedeutet dem Jüngling die Grazie die wonnevolle Verwundung: den genußvollen Schmerz, die wollüstige Selbstaufgabe.

Das muß *im ersten Augenblick* auch Achilles empfinden, als Penthesilea in ihn hineinbeißt. Doch die Grazie währt nur einen Augenblick. Im nächsten Augenblick empfindet Achilles *nur* noch Schmerz und der sich abtrocknende Jüngling nur noch den Mangel. Der Fortgang der Geschichte ist bekannt: seiner eigenen Grazie *bewußt* geworden, *betört* er gleichsam *sich selbst* und versucht vor dem Spiegel immer wieder jene vermeintlich natürlichen Bewegungen zu wiederholen. Doch vergeblich: er verliert einen Reiz nach dem anderen, bis auch die letzte Spur von Lieblichkeit von ihm gewichen ist. Der Jüngling wird nicht Opfer der *Erkenntnis,* sondern versucht mit der Erkenntnis jene Leere auszufüllen, die nach dem Zerrinnen der Grazie in ihm entstanden ist.

Doch die Geschichte nimmt, während sie dem Leser mitgeteilt wird, eine seltsame Wendung. Das gemeinsame Bad findet *drei* Jahre vor dem Gespräch des Erzählers mit Herrn C... statt. Danach übt der Jüngling *ein* Jahr lang. Seine Schönheit und Lieblichkeit hat er also *zwei* Jahre vor dem Gespräch endgültig verloren. Und dennoch rückt der Erzähler die Geschichte unvermittelt in eine zeitlose Ferne: »Noch jetzt lebt jemand, der ein Zeuge jenes sonderbaren und unglücklichen Vorfalls war« (II.344). Die Gegenwart rückt unerwartet und auf rätselhafte Weise in eine zeitlose Ferne. So kann den Jungen keiner mehr erkennen. Nur »einer« – und

NICHT   WISSEN

ALLERERST

Von diesem Tage, gleichsam von diesem Augenblick an, ging eine unbegreifliche Veränderung mit dem jungen Menschen vor. Er fing an, tagelang vor dem Spiegel zu stehen; und immer ein Reiz nach dem anderen verließ ihn. Eine unsichtbare und unbegreifliche Gewalt schien sich, wie ein eisernes Netz, um das freie Spiel seiner Gebärden zu legen, und als ein Jahr verflossen war, war keine Spur mehr von der Lieblichkeit in ihm zu entdecken, die die Augen der Menschen sonst, die ihn umringten, ergötzt hatte. Noch jetzt lebt jemand, der ein Zeuge jenes sonderbaren und unglücklichen Vorfalls war, und ihn, Wort für Wort, wie ich ihn erzählt, bestätigen könnte. –

UND ICH WILL FEINDSCHAFT SETZEN ZWISCHEN DIR UND DEM WEIBE UND ZWISCHEN DEINEM NACHKOMMEN UND IHREM NACHKOMMEN; DER SOLL DIR DEN KOPF ZERTRETEN, UND DU WIRST IHN IN DIE FERSE STECHEN.

zwar der Erzähler selbst. Dadurch verrät sich der Erzähler jedoch selbst. Wenn alles vor solchen Urzeiten geschehen ist, müßte auch er ein *bärtiger alter Mann* sein – was jedoch wenig wahrscheinlich ist. Der Erzähler *tarnt sich selbst, damit der Junge nicht entdeckt wird*. Die »Zeitverwirrung« deutet an, daß dieser unglückliche Zustand *noch immer* anhält.

Es ist wohl nicht der unbekannte Jüngling sondern der schwerfällige, sich ungeschickt benehmende und bewegende, mit sich ewig unzufriedene Kleist selbst, der, wie jeder verlassene Liebende, wahrscheinlich Tag für Tag *zu Hause* vor dem Spiegel versucht Pfuel nachzuahmen – jener Kleist, der in Gesellschaft von Frauen stumm, schwitzend und unbeholfen herumsitzt, und der – unter Tränen – gerade Pfuel als erstem den Tod Penthesileas erzählt. Jener Penthesilea, in der die Züge von Pfuel selbst zu entdecken sind. Im Aufsatz über das Marionettentheater ist das *Opfer* Kleist selbst – genauer gesagt, der Erzähler der Geschichte des Jungen. *Ihm liegt daran, die Grazie zu finden, ihm* bedeutet der Gedanke eines zweiten Sündenfalls eine Herausforderung. Es verwundert nicht, daß er zum Ende der Geschichte »ein wenig zerstreut ist« (II. 345). Als der Erzähler dort ankommt, ist er zugleich nachdenklich, zerstreut, erschrocken und begeistert. Und natürlich auch ungläubig und skeptisch. Und dem Leser wird klar, daß der Erzähler, während er sich erst nach den Marionetten erkundigt, dann den Fall des badenden Jünglings erzählt und sich schließlich die absurde Geschichte des Bären anhört (und ihr glaubt, weil er ihr *glauben will*), fortwährend die Antwort auf eine quälende Frage sucht, *die kein einziges Mal erklingt*. Denn es geht die ganze Zeit um sein eigenes Glück. Nicht für den etwas überheblichen, aber gewiß selbstsicheren Herrn C . . . ist die Erlangung der Grazie von Bedeutung, sondern allein für ihn, der gerade unter seinem verwirrten *Selbstbewußtsein* leidet: Die *Grazie*: kein Problem der Kunst, keine philosophische oder ästhetische Herausforderung, sondern eine Seinsfrage. Sie ist die Voraussetzung dafür, daß man die Mitte des Daseins entdeckt – und

VERSCHROBEN

TODERVERST

EIN ZUSTAND

Bei dieser Gelegenheit, sagte Herr C ... freundlich, muß ich Ihnen eine andere Geschichte erzählen, von der Sie leicht begreifen werden, wie sie hierher gehört.

UND ZUM WEIBE SPRACH ER: ICH WILL DIR VIEL MÜHSAL SCHAFFEN, WENN DU SCHWANGER WIRST; UNTER MÜHEN SOLLST DU KINDER GEBÄREN. UND DEIN VERLANGEN SOLL NACH DEINEM MANNE SEIN, ABER ER SOLL DEIN HERR SEIN.

erst wenn man sie besitzt, kann man sich verwirklichen. Indem man zum Beispiel die absolute Liebe gewinnt (*Das Käthchen von Heilbronn*). Oder indem man den Schmerz, den das Leben von vornherein mit sich bringt (die vom Dorn verursachte Wunde), in Wonne verwandelt. Oder indem man sein Leben zu einem Kunstwerk stilisiert, ohne daß deshalb eine Leere in einem entstünde. Denn wenn sich Gott und die Materie berühren (II. 342), können sich auch die Rede (die Form) und die innerste, alle Worte übersteigende Sehnsucht zu einer vollkommenen Einheit zusammenschließen (*Brief eines Dichters an einen anderen*, II. 348).

Und Kleist findet die Grazie. Aber er bemerkt sie nicht. Er *sucht* sie ständig und *leidet* – wie der Tonfall des Erzählers im Aufsatz über das *Marionettentheater* bezeugt – unter ihrem Mangel. Obwohl er sie längst besitzt. Er stößt auf sie, wo er sie am wenigsten vermutet. Aber nicht im Labyrinth der Begriffe, wo sie die Kleist-Philologie seitdem beharrlich sucht, und auch nicht dort (in der Nähe der Anmut), wo Kant und Schiller ihren Platz scheinbar für immer bestimmt haben. Nein, die Grazie entfaltet sich in dieser sonderbaren »Zeitverwirrung« des Erzählers im Aufsatz über das Marionettentheater, in diesem seltsamen Schwanken, diesem Versprecher – gleichsam im Nichts. In jener seltsamen Gehemmtheit, die den Erzähler veranlaßt, *eine leidenschaftlich übertriebene (und so wie erzählt, unglaubwürdige) Geschichte mit kühler Distanz vorzutragen*. Die paradoxe gegenseitige Abhängigkeit des künstlerisch bearbeiteten, aber *kalten Marmors* und des *lebenden,* aber vergänglichen Körpers voneinander läßt sich auch im *Tonfall* der Wiedergabe der Geschichte aufspüren. *Das* ist Kleists wahre Stimme: das Glanzstück der gehemmten Leidenschaften, der eingedämmten Uferlosigkeit. *Die Stimme des in Marmor gebannten Fleisches.* Und indem er sich dieser Stimme bedient, intensiviert sich die Geschichte des Jünglings von einem *veranschaulichenden Beispiel* (als das sie der Erzähler wohl gedacht hat) zu einer wahrhaft dramatischen Szene. *Im Laufe dieser Intensivierung erwacht die Grazie zum Leben.* Indem er die Geschichte ihres

ALLES

IST

SEHR

SICHSELBST

NICHT

GEWISSER

Ich befand mich, auf meiner Reise nach Rußland, auf einem Landgut des Herrn v. G..., eines livländischen Edelmanns, dessen Söhne sich eben damals stark im Fechten übten. Besonders der ältere, der eben von der Universität zurückgekommen war, machte den Virtuosen, und bot mir, da ich eines Morgens auf seinem Zimmer war, ein Rapier an. Wir fochten; doch es traf sich, daß ich ihm überlegen war; Leidenschaft kam dazu, ihn zu verwirren; fast jeder Stoß, den ich führte, traf, und sein Rapier flog zuletzt in den Winkel. Halb scherzend, halb empfindlich, sagte er, indem er das Rapier aufhob, daß er seinen Meister gefunden habe: doch alles auf der Welt finde den seinen, und fortan wolle er mich zu dem meinigen führen. Die Brüder lachten laut auf, und riefen: Fort! fort! In den Holzstall herab! und damit nahmen sie mich bei der Hand und führten mich zu einem Bären, den Herr v. G..., ihr Vater, auf dem Hofe aufziehen ließ.

UND ZUM MANNE SPRACH ER: WEIL DU GEHORCHT HAST DER STIMME DEINES WEIBES UND GEGESSEN VON DEM BAUM, VON DEM ICH DIR GEBOT UND SPRACH: DU SOLLST NICHT DAVON ESSEN –, VERFLUCHT SEI DER ACKER UM DEINETWILLEN! MIT MÜHSAL SOLLST DU DICH VON IHM NÄHREN DEIN LEBEN LANG.

Verlustes erzählt, erschafft Kleist die Grazie. – Das wird durch die ganze Dramaturgie des Aufsatzes und die Zusammensetzung der verwendeten Erzählstimmen vorbereitet und ausgeführt. Der Erzähler des Aufsatzes (nennen wir ihn A) erzählt die Begegnung zwischen dem eingeführten Erzähler (nennen wir ihn B) und Herrn C... und stellt diese Begegnung zugleich dar. B spricht zwar in der ersten Person Singular, aber er läßt sich dennoch gut von A unterscheiden, der dem Leser Gelegenheit bietet, B auch von »außen« zu sehen und seine Verwirrung, Zögerlichkeit, Zerstreutheit, Anspannung oder eben sein Minderwertigkeitsgefühl gegenüber Herrn C... zu bemerken.

Während sich B und C... miteinander unterhalten und eine Art »Schauspiel« aufführen, erzählen sie auch Geschichten: *sie benehmen sich* wie Darsteller in einem Drama und *erzählen* wie Erzähler in einem Epos. Doch sie sind nicht gleichrangig. Die Reden Herrn C...'s klingen wie erzählte (indirekte) Monologe, während B ständig in der ersten Person Singular spricht. Dennoch erwecken B's Reden durchweg den Eindruck, als wären sie ebenfalls erzählte Monologe – so daß Herrn C...'s »offen« (direkt) indirekte Reden stärker und überwältigender als B's »getarnt« (indirekt) direkte Reden sind. Die »Regieanweisungen« machen die Situation also nicht nur »lebensnah«, sondern helfen, ein *Drama der Stile* zu entfalten. Sie sind deshalb mindestens so wichtig wie die Gedanken, die der Erzähler und Herr C... miteinander teilen. Die eigenartigen Gesten der Verbindlichkeit, die zuweilen eher befremdend als einnehmend wirken, die Höflichkeiten, die in die indirekte Rede eingeflochtenen emotionalen Ausdrücke, die auf Gefühlsäußerungen hindeutenden Bemerkungen, Herrn C...'s gelegentliches Lächeln, B's bald stumm, bald verstört zu Boden gesenkter Blick, sein angesichts der Paradoxe keineswegs unbefangenes Lachen, Herrn C...'s Rauchen, seine freundliche Zuwendung, B's glücklicher, fast kindlicher Aufschrei, sein geistesabwesendes Sinnieren am Ende, das A nicht mehr durch eine neue Geste auflöst – das alles deutet auf ein Drama, das bis zum

SCHÖN

GREIFTOBE
RUNGLÜCKS

IST

ZUSTAND

Der Bär stand, als ich erstaunt vor ihn trat, auf den Hinterfüßen, mit dem Rücken an einem Pfahl gelehnt, an welchem er angeschlossen war, die rechte Tatze schlagfertig erhoben, und sah mir ins Auge: das war seine Fechterpositur. Ich wußte nicht, ob ich träumte, da ich mich einem solchen Gegner gegenüber sah; doch: stoßen Sie! stoßen Sie! sagte Herr v. G..., und versuchen Sie, ob Sie ihm eins beibringen können! Ich fiel, da ich mich ein wenig von meinem Erstaunen erholt hatte, mit dem Rapier auf ihn aus; der Bär machte eine ganz kurze Bewegung mit der Tatze und parierte den Stoß. Ich versuchte ihn durch Finten zu verführen; der Bär rührte sich nicht. Ich fiel wieder, mit einer augenblicklichen Gewandtheit, auf ihn aus, eines Menschen Brust würde ich ohnfehlbar getroffen haben: der Bär machte eine ganz kurze Bewegung mit der Tatze und parierte den Stoß. Jetzt war ich fast in dem Fall des jungen Herrn v. G... Der Ernst des Bären kam hinzu, mir die Fassung zu rauben, Stöße und Finten wechselten sich, mir triefte der Schweiß: umsonst! Nicht bloß, daß der Bär, wie der erste Fechter der Welt, alle meine Stöße parierte; auf Finten (was ihm kein Fechter der Welt nachmacht) ging er gar nicht einmal ein: Aug in Auge, als ob er meine Seele darin lesen könnte, stand er, die Tatze schlagfertig erhoben, und wenn meine Stöße nicht ernsthaft gemeint waren, so rührte er sich nicht.

DORNEN UND DISTELN SOLL ER DIR TRAGEN, UND DU SOLLST DAS KRAUT AUF DEM FELDE ESSEN. IM SCHWEISSE DEINES ANGESICHTS SOLLST DU DEIN BROT ESSEN, BIS DU WIEDER ZU ERDE WERDEST, DAVON DU GENOMMEN BIST. DENN DU BIST ERDE UND SOLLST ZU ERDE WERDEN.

Schluß subtil im Hintergrund gehalten wird. Und das, worum es in diesem Drama geht, ist nur zum Teil identisch mit dem Thema des Gesprächs. Indem er über die Marionetten *spricht,* möchte B das Geheimnis der Erlangung der Grazie erfahren und muß dabei acht geben, daß er dem *klugen* Herrn C... nicht unterliegt. Seine eigene vermeintliche Grazie ist der Einsatz. Wenn wir uns das Gespräch szenisch vergegenwärtigen, sehen wir, wie verwirrt und angespannt B ist, und wie sich Herr C... bemüht, ihn zu beruhigen – wenn auch mit Gedanken, die keinesfalls beruhigend sind.

Und während sich diese Szene abspielt, entfaltet sich vor unseren Augen die Grazie, die allerdings nicht ganz identisch ist mit dem, was Herr C... im Bären und B im badenden Jüngling entdeckt zu haben glaubten. Die Grazie wird während dieser seltsamen *verschweigenden Aussprache* geboren: in den Parallelen zwischen dem gefährlichen und unberechenbaren (*blut*rünstigen) Bären (In *Die Hermannsschlacht* läßt Thusnelda ihren Geliebten (!) von einem Bären zerfleischen) und dem verführerisch schönen und unerreichbaren, göttlichen Jüngling (wenn der Jüngling Achilles ist, ist der Bär dann Penthesilea?), in B's *leidenschaftlicher Zurückhaltung,* aber auch in der von *erotischer* Spannung nicht freien Mischung aus Annäherung und Entfernung zwischen dem verlockend weisen und besonnenen Herrn C... (Sokrates) und dem verwirrten, nervösen und mit seiner Fragerei doch kokettierenden B (Phaidros). Dabei entfaltet sich die Grazie des *Textes*, des verborgenen Dramas, die Grazie des *vollkommenen Kunstwerks,* das deshalb vollkommen ist, weil es, während es die Grazie als Thema umkreist, dies auf allergraziöseste Weise tut. Herr C... und B unterhalten sich, führen sich auf, tasten sich vor, ringen mit Worten, versuchen einen für beide annehmbaren Standpunkt zu finden – und merken gar nicht, daß sie das *Ergebnis* schon vorher gefunden haben, es bereits besitzen. Das ist die wahrhaftige Grazie: wenn die Antwort der Frage zuvorkommt.

Die Grazie: die unbewußte Vollkommenheit. Die Schrift *Über das Marionettentheater* ist ein voll-

HIEFUNDVE
SOBALDESS

VERSTAND

ZUSTAND

UNSRER,

Glauben Sie diese Geschichte? –
Vollkommen! Rief ich, mit freudigem Beifall; jedwedem Fremden, so wahrscheinlich ist sie: um wie viel mehr Ihnen!

UND ADAM NANNTE SEIN WEIB EVA; DENN SIE WURDE DIE MUTTER ALLER, DIE DA LEBEN. UND GOTT DER HERR MACHTE ADAM UND SEINEM WEIBE RÖCKE VON FELLEN UND ZOG SIE IHNEN AN.

kommener, graziöser Text, der zudem vom Verlust der Grazie handelt. Kleist *schreibt* so, wie Penthesilea *liebt*: er übt sich in Grazie, während er deren Fehlen beweint, so wie sie ihren Geliebten mit Küssen bedeckt, während sie ihn verschlingt.

1 | »Kleist und ich trieben damals [1809] eifrig das Kriegsspiel, welches gerade durch den auch in unserm Kreise verkehrenden Hauptmann *Pfuel*, jetzigen Generallieutenant und Staatsminister a.D. sehr verbessert worden war.« (Friedrich Christoph Dahlmann, 1858. In: *Heinrich von Kleists Lebensspuren*. Hrsg. Helmut Sembdner, München 1996, 317b). Zur zeitgenössischen Bedeutung der Gymnastik, des Fechtens, Reitens, Schwimmens, usw. vgl. W. Kittler, *Die Geburt des Partisanen aus dem Geist der Poesie. Heinrich von Kleist und die Strategie der Befreiungskriege*, Freiburg 1987, S. 333–354.
2 | In *Panthesilea*, das Kleist etwa anderthalb Jahre nach dem Brief an Pfuel beginnt, spricht Panthesilea mit ähnlichen Worten über den Opferstier: »Zuerst den Stier, den feisten, kurzgehörnten, / Mir an den Altar hin; das Eisen stürz ihn, / Das blinkende, an heiliger Stätte lautlos, / Daß das Gebäu erschüttere, darnieder.« (I.1645–8) Was Wunder, daß er sich nach Vollendung des Stückes unter Tränen in das Zimmer Pfuels, mit dem er zu der Zeit *zusammenwohnt*, begibt, um Penthesilea zu beweinen, die Grazie – die genauso endet wie der Stier.

3 | Das auch von Homoerotik nicht freie, gemeinsame Bad ist eines der großen Andenken an die Freundschaft von Orest und Pylades in Goethes Drama *Iphigenie auf Tauris*: »denn was ich worden wäre, / Wenn du nicht lebtest, kann ich mir nicht denken, / Da ich mit dir und deinetwillen nur / Seit meiner Kindheit leb' und leben mag«, gesteht Pylades, und Orest sagt: »Und dann wir abends an der weiten See / Uns aneinander lehnend ruhig sassen, / Die Wellen bis zu unsern Füssen spielten, / Die Welt so weit, so offen vor uns lag: / Da fuhr wohl einer manchmal nach dem Schwert, / Und künft'ge Taten drangen wie die Sterne / Rings um uns her unzählig aus der Nacht.« (II.1)
4 | »Up till now, we have read the young man's blushing (»er errötete …«) as mere shame, a wound of the ego, but it now appears that the redness may well be the blood of an injured body. The white, colourless world of statues is suddenly reddened by a flow of blood, however understated.« (Paul de Man, *The Rhetoric of Romanticism*, New York 1984, S. 279)
5 | Wie gelangt wohl ein *großer* Spiegel an das Ufer eines Sees?
6 | »daß nämlich die eine Form der Dichtung und Märchenerzählung ganz in Nachahmung besteht, die Tragödie nämlich, wie du sagst, und die Komödie, die andere aber ganz im Bericht des Dichters;« (Platon, *Der Staat*, 394c).

ZITIERTE LITERATUR
Heinrich von Kleist, Sämtliche Werke und Briefe. Band I und II. Herausgegeben von Helmut Sembdner. München, 1952. 9. Aufl. 1993 (bei Zitaten aus Band I sind die Zeilenzähler des Dramentextes und aus dem Band II die Seitenzahlen angegeben).

O   VERSTAND!

WELCHER

Nun, mein vortrefflicher Freund, sagte Herr C..., so sind Sie im Besitz von allem, was nötig ist, um mich zu begreifen. Wir sehen, daß in dem Maße, als, in der organischen Welt, die Reflexion dunkler und schwächer wird, die Grazie darin immer strahlender und herrschender hervortritt. – Doch so, wie sich der Durchschnitt zweier Linien, auf der einen Seite eines Punkts, nach dem Durchgang durch das Unendliche, plötzlich wieder auf der andern Seite einfindet, oder das Bild des Hohlspiegels, nachdem es sich in das Unendliche entfernt hat, plötzlich wieder dicht vor uns tritt: so findet sich auch, wenn die Erkenntnis gleichsam durch ein Unendliches gegangen ist, die Grazie wieder ein; so, daß sie, zu gleicher Zeit, in demjenigen menschlichen Körperbau am reinsten erscheint, der entweder gar keins, oder ein unendliches Bewußtsein hat, d.h. in dem Gliedermann, oder in dem Gott.

UND GOTT DER HERR SPRACH: SIEHE, DER MENSCH IST GEWORDEN WIE UNSEREINER UND WEISS, WAS GUT UND BÖSE IST. NUN ABER, DASS ER NUR NICHT AUSSTRECKE SEINE HAND UND BRECHE AUCH VON DEM BAUM DES LEBENS UND ESSE UND LEBE EWIGLICH!

Wort für Wort, Blatt für Blatt. Zur Gestaltung

Was dem Benutzer des Buches unmittelbar ins Auge springt, ist seine bewußte Trennung von sich symmetrisch spiegelnden linken und rechten Druckseiten, hier wird die Linearität unterbrochen, da es kein direktes Nach-, Hinter- und Übereinander der Aufzählung, der Kolumnen und Seiten gibt.

Den linken Seiten sind vier Sätze vorbehalten, im Umbruch Wort für Wort und Blatt für Blatt durch Unterstreichungen markiert, die sich in einem Brief Kleists vom 31. August 1806 an Otto August Rühle von Lilienstern (p.57[13]) sowie im Textverlauf des Essays *Über die allmähliche Verfertigung der Gedanken beim Reden* (p.15[18]) wiederfinden. Der Leser springt von linker zu linker Seite und setzt so die entscheidenden Wörter, also die unterstrichenen Lettern, zu sinngebenden Satzeinheiten zusammen. Darüber hinaus kann im Spiel aller in schwarz gehaltenen Wörter auch innerhalb *einer* Seite eine aus der Gesamtheit der Buchstabenfolge herausgeschnittene Kombination als neue überraschende Wortfolge gelten – auch hier ein in Mallarmés Manier springendes Lesen –, deren Verlauf sich natürlich nicht mit der Textfolge deckt. Die in die Seiten hineingeschnittenen farbigen Flächen sollen den Seiten Rhythmus und Festigkeit verleihen. Alle rechten Seiten hingegen nehmen drei voneinander unabhängige Textkörper auf: den Marionettentext im oberen Teil; den Essay *Über die allmähliche Verfertigung der Gedanken beim Reden,* vier Briefe von Kleist an Lieblingsschwester und Freund, die einen Einblick in dessen Befindlichkeiten freigeben sowie beide Nachbemerkungen im unteren Teil der Seiten. In der Mitte läuft ein Textband aus Kapitelchen und gibt die Kapitel eins bis drei aus dem *Ersten Buch Mose* wieder. Kleist erwähnt insbesondere das dritte Kapitel im *Marionettentheater,* deshalb sollen die alttestamentarischen Sätze aus der Genesis, auch als ein belebendes typographisches Scharnier zwischen oberer und unterer Textfigur, hier noch einmal zur Erinnerung kommen.

Die Gestaltung versucht eine Vertiefung des Gesagten zu erreichen; die polymedialen Muster sind angelegt, um den Aspekt des ›Unstimmigen‹ und

ALLES

ALLES   SSICH
        ODER ERSTAN

WEISS.

Mithin, sagte ich ein wenig zerstreut, müßten wir wieder von dem Baum der Erkenntnis essen, um in den Stand der Unschuld zurückzufallen? Allerdings, antwortete er; das ist das letzte Kapitel von der Geschichte der Welt.

H. V. K.

DA WIES IHN GOTT DER HERR AUS DEM GARTEN EDEN, DASS ER DIE ERDE BEBAUTE, VON DER ER GENOMMEN WAR. UND ER TRIEB DEN MENSCHEN HINAUS UND LIESS LAGERN VOR DEM GARTEN EDEN DIE CHERUBIM MIT DEM FLAMMENDEN BLITZENDEN SCHWERT, ZU BEWACHEN DEN WEG ZU DEM BAUM DES LEBENS.

Inkohärenten, auch Bruchstückhaften in der Kleistschen Dichtung zu illustrieren.

Vom 12.–15. Dezember 1810 veröffentlichte Kleist in den »Berliner Abendblätter« seinen Essay *Über das Marionettentheater* in dem er der Frage nachgeht, wie ein Zustand von Selbstentfremdung des Menschen zu überwinden sei. Die Harmonie und der Einklang zwischen Körper und Seele werden durch das reflektierende Bewußtsein getrennt, »die Einheit des Menschen mit sich selbst ist aufgehoben, sein innerer Schwerpunkt hat sich gleichsam nach außen verlagert, die natürlichen Reaktionen und das natürliche Fließen der Bewegung, das ›freie Spiel seiner Gebärden‹ sind gehemmt, verzerrt. Das Ich verliert seine Anmut« (Rudolf Loch, *Kleist*).

Die Mehrstimmigkeit der Texte wird durch differenzierende graphische Muster unterstützt, so ist der Marionettentext aus der Poliphilus Antiqua und Blado kursiv, die Bibeltexte aus DTL Antares, Essay sowie Briefe im zweispaltigen Satz aus der Grotesk DTL Prokyon Condensed und alle Wörter der linken Seiten aus der Iso 3098 A gesetzt.

Die Werkschrift Poliphilus wurde nach dem Druck des *Hypnerotomachia Poliphili* von Aldo Manuzio in Venedig aus dem Jahr 1499 benannt und später, 1923, von der Monotype Corp. nachgeschnitten. Sie gilt als ästhetisches Vorbild für die hernach in Frankreich geschnittene Renaissanceantiqua Garamond des berühmten Claude Garamond aus dem 16. Jahrhundert. Die Blado, benannt nach dem Drucker Antonio Blado, ist von der Monotype 1924 geschnitten aber bereits 1539 in einem von ihm hergestellten Werk gedruckt. Ein recht akzentreicher Font ist die DTL Antares, aus dem Jahr 2006, die ihren Kontrast zur Poliphilus deutlich herausstellt; DTL Prokyon Condensed, eine jüngere Schwester der Prokyon, ist 2007 erschienen, nachdem die Firma Dutch Type Library bereits in 2000 ihre gut lesbare und an den Proportionen der römischen Kapitalis orientierte Schrift vorgelegt hat. Antares wie auch die Prokyon sind entworfen von Erhard Kaiser. Die nach behördlichen Entwürfen entwickelte Schrift Iso 3098 A ist von H. Berthold im Jahr 1981 in die Type Collection aufgenommen worden.

K. D.

Typographische Bibliothek | Band 8
Erste Auflage 2011. © Copyright 2011 dieser
Ausgabe by Wallstein Verlag, Göttingen und der
Büchergilde Gutenberg, Frankfurt am Main
Alle Kleisttexte sind der Kleist-Ausgabe
aus dem Carl Hanser Verlag von 1952, 6. Auflage 1977,
herausgegeben von Helmut Sembdner, entnommen.
© für den Essay ›Grazie‹ von László F. Földényi
(aus ›Heinrich von Kleist. Im Netz der Wörter‹):
1999/2011 Matthes & Seitz Berlin
(www.matthes-seitz-berlin.de)
Gesetzt von Klaus Detjen aus der Poliphilus
Antiqua, Blado kursiv, Iso 3098 A, DTL Antares,
und DTL Prokyon Condensed
Gesamtherstellung: Hubert & Co, Göttingen
Alle Rechte an dieser Ausgabe vorbehalten
Printed in Germany 2011
Wallstein: ISBN 978-3-8353-0941-8
Büchergilde Gutenberg: ISBN 978-3-7632-6452-0

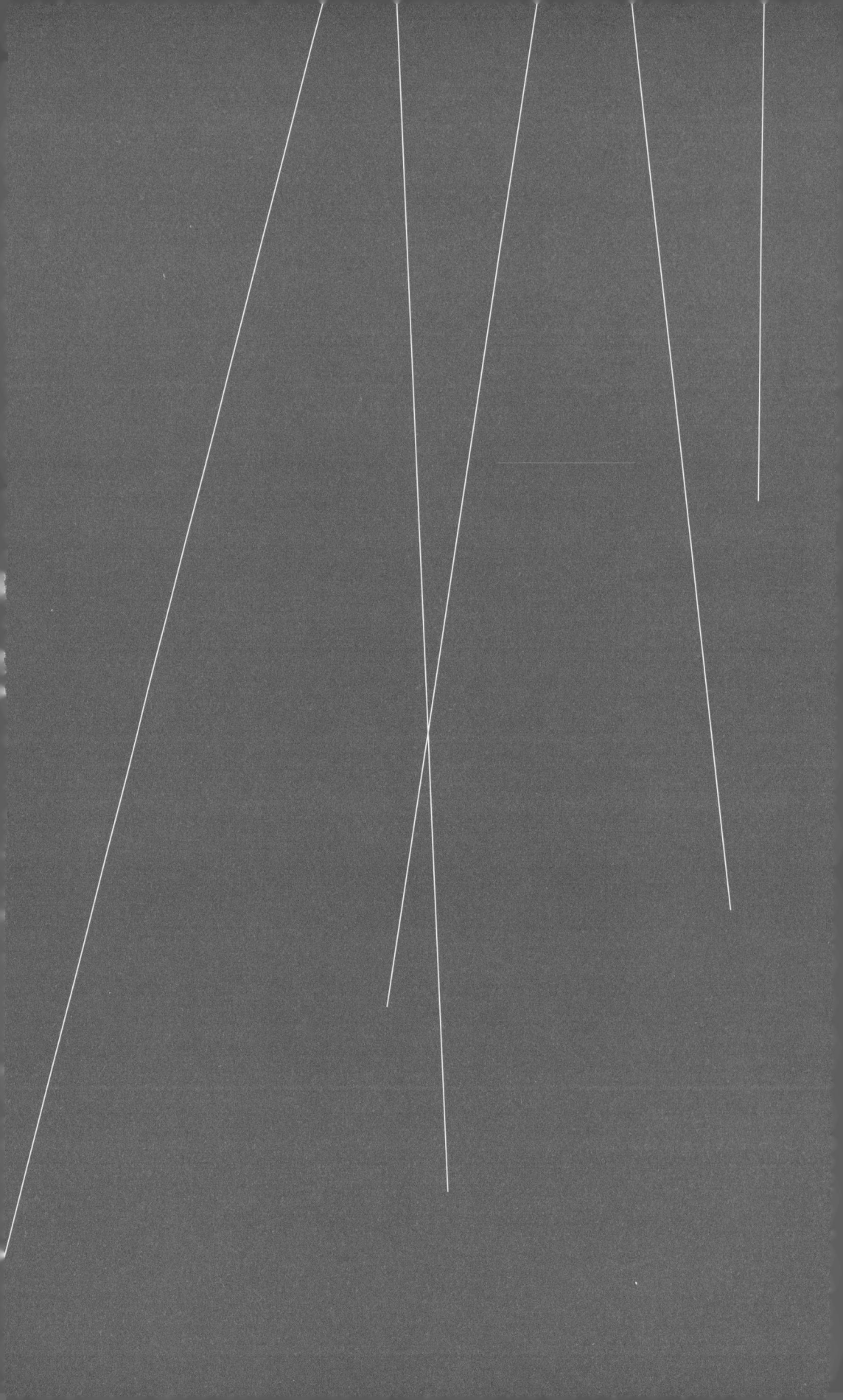